だいわ文庫

ネガティブがあっても
引き寄せは叶う!

MACO

大和書房

はじめに

自分に合ったやり方が見つかれば、引き寄せは加速する！

「信じるものは救われる！」

私が小さい頃からよく聞いてきた言葉です。願いごとを叶えたいときも、叶うと心から信じ込めば必ずその通りになる、とあちこちでよく耳にしてきました。

でも、私はその「信じ込む」ということがどうしても完全にはできませんでした。

自分の人生がうまくいかないと感じることの連続で、引き寄せの法則を使って願いを叶えたいと思ったときも、途中でどうしても不安や恐れ、マイナスの思い込みなどが勝ってしまい、願いが叶うと100パーセント信じきることができなくなっては、「もうやめた！」と挫折していました。

ですから、信じ込もう、信じ込もうとしてがんばっても約7年、自分が描いた未来や持ち続けていた願望は、何ひとつ叶いませんでした。

何年もかけて成功哲学、自己啓発、精神世界、心理学や脳科学を学び、社会人学生として大学院などにも通って多くのことから引き寄せを成功させるヒントを得てきましたが、結果として大金をつぎ込んで学んだにもかかわらず、これといった変化はありませんでした。

その理由を、私は「願いが叶うと100パーセント信じきれていない自分が悪いから」だと思っていました。

しかし、気づきは突然ありました。それは、私たち一人ひとりに皆個性があるように、**「願いを叶えるときも、その人その人に合ったやり方がある」**ということでした。

たとえば、受験勉強をするときは、学校の先生に質問しながら学ぶ人、予備校に行く人、がっつり独学で勉強する人などいろいろです。合格というゴールが同じだとしても、そこにたどり着くための攻略法は人によって違っていて当たり前なのでは、と思いついたのです。

結果的に、これが答えでした。

引き寄せの法則を活用して、自分の思い描いた人生を創っていくときも全く同じです。ゴールへのたどり着き方はひとつではありません。自分に合ったものを選んで実践していけばいい、ただそれだけなのです。


本書を手にとってくださった方の中には、私のように疑り深かったり、根拠がないことをいまいち信じきれなかったり、マイナス感情が強烈に邪魔をしてしまう、と長年感じ続けてきた方が多いかもしれません。

人の行動が変わるためには、「これはこうだよ、こうやりなさい」と言われて無理やり思い込むのではなく、本人が納得して腑に落とすことが大切です。

「にわかには信じがたいなあ……」と感じることには心の抵抗が強く出ます。でも、ひとたび自分に合ったやり方に出会えれば、主体的に動こうという気になれ、また内発的な動機づけが起こってきます。こういう心の状態になれば、誰かからこうしなさいと言われなくても、行動は自然に変わっていくのです。

そして、行動が変われば現実は必ず変わります。願いが叶う方向へ勝手に動いていくのです。まずは、自分の心が「あ、そっか」と納得できる実践法に出会うこと。とにもかくにも心の抵抗が和らげば、願いごとが叶う方向に自然に動いていくのです。

マイナス思考でも大丈夫！

詳しくはChapter 1で説明しますが、引き寄せの法則とは、「似たような波動のものが磁石のように引っ張り合う」という法則です。

こう言うと、マイナス思考の人はマイナスの状況を引き寄せてしまうのでは、と思われるかもしれません。でも、

＊**マイナス思考がマイナスの状況をすぐに引き寄せるわけではない**

＊**人間の感情はもっと複雑で奥行きがある（それが素晴らしい）**

私はこのように、自分のマイナス思考をオッケー、いいじゃん！　と捉えるようになってから、世界が少しずつ変化してきました。多くの方にブログを読んでいただけるようになり、本を1冊も出さないうちに2冊目のお話をもらい、出版社でセミナーをしたりウェブサイトでコラムの執筆をさせていただいています。

また、自分が一番好きな、話して伝えるという個人セッションを通じて、多くの素敵なクライアントの方々との関わりが手に入りました。自分が一番やりたいこと、一番のワクワクを選んで生きることができるようになりました。

私たちは、自分自身が思い描く望んだ世界を得る、ということが一番幸せなのですよね。必ずしも豪邸が欲しい人ばかりではないですし、誰もが振り向く有名人にならなくてもいいわけです。**スケールの大きさではなく、「自分が一番望むものが、望む形で来る」ことが最高の幸せなのです。**

私たち一人ひとりは、この広い世界の一構成員として、パズルのピースのようにさまざまな役割を担って存在しています。自分の一番ワクワクする世界で、自分が一番心地よく過ごせることを引き寄せていけたらいいですね。

物事をスムーズに進めるには、基本が一番大切です。あれこれ情報を集めることに意識を向けすぎるより、自分のウイークポイントをしっかり見つめて、引き寄せができる土台作りを先にしてあげないとなりません。

いろんな実践法や知識は、しっかりとして揺るがない土台があってこそ、活かすことができるのです。土台がグラグラしているのに、重たいものを乗せ続けたら、いつか根っこから倒れてしまいます。

この土台の部分は、

* **ネガティブ感情とうまく付き合う**
* **「自分の軸」がぶれたら、ちゃんと自力で戻す**
* **これらを実践し続ける**

の3つがポイントです。

本書は、この3点に重きを置いて書きました。

引き寄せの法則は誰でも使いこなせる

誰だって、自分の人生に一番興味がありますよね？　「あの人にはできたのだろうけど、どうせ私にはできない……」長い間そう思ってきた方は、ぜひ今日でスパッ!!とその考えを捨てちゃってほしいなと思います。

よく、「自分には引き寄せの法則が働かないのでは？」と言う方がいますが、引き寄せの法則は、どんな人にも平等に働いています。自分だけが使えないということは絶対にありません。自分のすべてを否定しないところから始めていけば、「自分にはできない」という心の抵抗が減っていき、少しずつスムーズにすべてが動くようになっていきます。

詳しくは後述しますが、実は、「できない、やれない」という否定的な感情が出てくるのは、ある意味、当然のこととも言えます。ただ、上手にお付き合いする「コツ」というのがありますので、それさえ押さえておけば、望む現実を引き寄せていくにあたって問題はありません。

あなたの中にある、「できない、やれない」の感情をどう扱えば願いが叶うのかについてはこれからゆっくりと解説していきますので、ぜひリラックスして読み進めていただければと思います。

Chapter I
＊なぜ、引き寄せは起こるのか？

Chapter

2 ✴ ネガティブ感情があっても願いは叶う

Chapter 3
ネガティブ感情とうまく付き合う方法

Chapter

4 ✴ 引き寄せ体質に変わる超実践法〝行動編〟

Chapter 5 ✶ 引き寄せ体質に変わる超実践法〝思考編〟

Chapter 6 ✶ 引き寄せ実践 一問一答

Chapter

I

なぜ、
引き寄せは
起こるのか？

I 「引き寄せの法則」とはそもそも何か？

初めて引き寄せの世界に触れる方のためにも、引き寄せの法則ってどういうものか、という部分から書いてみます。もう知っている、ネガティブ感情の扱いについて早く知りたい、という方は飛ばしていただき、Chapter 2に進んでくださいね。

簡単に言うと、引き寄せの法則とは**「似たような波動（エネルギー）のものが、磁石のように引き合う」**という法則です。

この宇宙では、似た性質のエネルギー同士しか、お互いに引き合うことはできません。自分の出す波動と同質のものが引っ張られてくるので、いい波動でいれば心地いいなと感じる出来事が、よくない波動でいれば心地よくないと感じる出来事が引き寄せられます。

そして、私たちの思考にも、「引き寄せの法則」がつねに働いています。よくも悪くも、私たちが何かにフォーカスしたときの思考は、ある波動状態を作り出します。その波動エネルギーによって、目の前に起きてくる現実が決まるのです。

だからやはり、いい波動の思考を送り出せばそのエネルギーと似たような現実が、逆によくない波動の思考を送り出せば、そのエネルギーと似た、よくない現実を引き寄せます。**現実は自然発生的にムクムクと起きてくるのではなく、あなたの思考エネルギーによって、創り出されているのです。**あなたは現実の創造主なのです。

もし今あなたが、何かについて「嫌だなあ……」と感じているのであれば、その現実でさえも、実はあなた自身の思考エネルギーで創られているのです。

ただし、だからといって嫌だという感情を持ってはいけないということではありませんので、心配は無用です！　詳しいことはこれから説明していきますが、すべて自分で創っているのだから、心地よくない状態を、逆に自力で創造し直すこともちろんできる、ということなのです。

望む未来はすべて創れるし、創り直すこともできるのです。

今までと違う思考の使い方をする練習がちょっとだけ必要ですが、難しいことはひとつもありません。

2

引き寄せの大原則［その❶］

外から持ってくるのではなく、自分の内側から出す

この本で説明する「引き寄せの大原則」を5つ紹介します。まずは「引き寄せる」という言葉の解釈から。

引き寄せる、って引っ張ってくるってことでしょ？

いえいえ。

「引き寄せる」という言葉は、たしかにどこかから引っ張ってくる、とか、今よその場所にあるものを自分のところへ持ってくる、と捉えられやすいのですが、私がこの本で説明する引き寄せのイメージはそれとは異なります。

引き寄せるとは、「自分の内側から出す」ということ！

内側から出すというのは、別の表現にすると、前の項目でも書いたように「創り出す」です。自分の内側から、望んだ通りのものを望んだ通りに「自分の力で創造する」ということ。

引き寄せの法則を活用して願いを叶えていくということは、自分が思い通りに現実を創造できる存在であり、同時に自分にはそれだけの力があるんだ！　ということを、肉体を通して体験し、知っていくプロセスでもあるのです。

だからこれまで、「私には力がない……」と感じて生きてきた方は、ぜひ今日から力を取り戻せるんだ、って思い直してください！

引き寄せるという言葉に対して、「自分が今見ている世界の中で、数や量に限りがあるものを、誰かから取ったり、逆に自分から取られたりする」というイメージを持っていると、心に不足感が生まれやすくなります。

また、そういうイメージを持っていると、自分が願ったものを手に入れるときに、本当に自分が得てもいいのかな、という罪悪感を生んだりもします。これは、自分がもらうとどこかで減っている状況が起きていると思うから、なんだか申し訳ないと感じたりするのです。

でも、**本当は、あなたが心から欲しいと願ったものは、自分の内側からどんどん新しく生み出せるのです！**　だから、誰とも取り合いにはなりません！

「欲しい現実を自分の内側から出す」

これが、引き寄せる、という言葉の真の意味です。

3

引き寄せの大原則［その❷］

ネガティブな感情をゼロにしようとしない

私たち人間も含め、すべてのものはエネルギー体です。そのエネルギー体が個々に発しているのが「波動」です。**人間の体だけでなく、物や空間（場）、目に見えない言葉や意識（思考）にもすべて波動があります。**

よくも悪くも、私たちが何かにフォーカスしたときの思考は、ある波動状態を引き起こし、そのエネルギーによって出来事は起きてくるのでしたよね。ならば、毎日できるだけ心地よい思考を選びながら過ごしたほうが、心地よい現実を得ることができる、という理屈になりますね。

仮に、すでに起きてしまった心地よくない出来事があるとします。出来事そのものは変えられませんが、その出来事をいろんな角度から俯瞰して捉え直し、あなた自身が少しでもいい気分、折り合いがつく思考を選択できれば、そのちょっとだけ上がったエネルギー状態によって、起きたこと以上に心地よくない現実を引き寄せることは、絶対に避けることができるのです。

どうしても「いい気分」になれないときの感情にも、意味がある

いい気分を選ぶように意識して日々過ごす中で、少々壁もあります。

私が引き寄せを実践する中でぶつかってきた壁でもありますが、「いついかなるときでも、すぐに心地よい気分を選べるわけではない」という問題です。

ショックが大きい出来事が起きたりすると、一気に強いマイナス思考にとらわれて、何日もそのことをぐるぐる考え続けていたり、少しだけいい気分を選べたとしても、すぐまたネガティブ思考にドーン!! と戻ったり、といったことが起きてくるのです。

私も、起きた出来事によっては、水がホースからブワーッと吹き出すようにマイナ

ス感情があふれてきて止められないことがよくありました。そんなときは、「このままだと、このネガティブ感情がネガティブな現象を引き寄せてしまう……うわーどうしよう！」と焦りに焦って、逆に恐怖感を強めてしまっていました。

でも、引き寄せの法則を掘り下げて学ぶうちに、気づいたのです。「あれ？　ネガティブ感情はべつに悪者ではない！」と。

どうしてもいい気分になれないときの感情にも、ちゃんと意味があるのです。実は、それを見つめて解放してあげるだけで、ネガティブ感情はスッと流れていったり、形を変えて自分の中に収め直すことができたりします。

ネガティブ感情とうまく付き合って引き寄せていくコツをつかむと、出てくるマイナス思考も怖くなくなっていきます。

脳科学の視点からの学び、量子力学などの科学の学びが本当にたくさん私を助けてくれました。どうやって実践していったのかは、次の章以降で詳しく解説していきます。

4

引き寄せの大原則［その❸］

まず決める。決めたらそうなる！

手に入れたい現実をまずしっかり決めてください。
決めたらそうなります。

・強く意識を向けているものが現実創造されていく
・意志と意識の力が、私たちの願望の現実化に影響を与える

これを説明できるのが、量子力学という物理学です。「決める」の話をする前に、引き寄せを理解するうえで知っていただきたいことなので、先に説明します。ちょっと長くなりますが、要点だけに絞りますのでお付き合いください。

量子力学は、これまでの「古典力学」と呼ばれる〝まず物質が先にありき〟の領域を扱う科学ではなく、「精神の領域の科学」などと呼ばれています。量子力学の研究では、私たちの意志や意識が物理現象を起こすことに影響している、ということがわかっています。

家や車、食べ物、人間の体などの物質は、小さく分割していくと分子→原子となっていき、さらに原子核になります。

その原子核の周りには電子というものが回っています。原子核は陽子・中性子という粒のかたまりであり、これら陽子・中性子はもっと小さな素粒子（クォーク）という「物質を構成する一番小さい単位」になっていきます。

そして大切なのは、この物質の最小構成単位である「素粒子」の存在です。素粒子はあらゆる物理創造のモトになり、どんな形にもなれる素晴らしい存在なのです。

量子力学によれば、人間の体も、毎日使っている携帯電話も今座っている椅子も、モトをたどれば、すべてこの素粒子でできていることになります。

そして素粒子は、ミクロの世界では粒としての性質と波としての性質の両方を持っていて、人間に観察されるまでは、不確定な波の状態でただよって存在しています。しかし、観測者(人間)がひとたび意識を向けると、ガチッと物質化されるのです(これを「観測問題」と言います)。

量子力学によれば、人間の意志と意識が現実を創る、ということになります。

たとえば、コーヒーを飲みたいな〜と思ったとき、「私はコーヒーを飲む!」と意識を放たなければ、自分の目の前にコーヒーは出てきてくれない、という仕組みなの

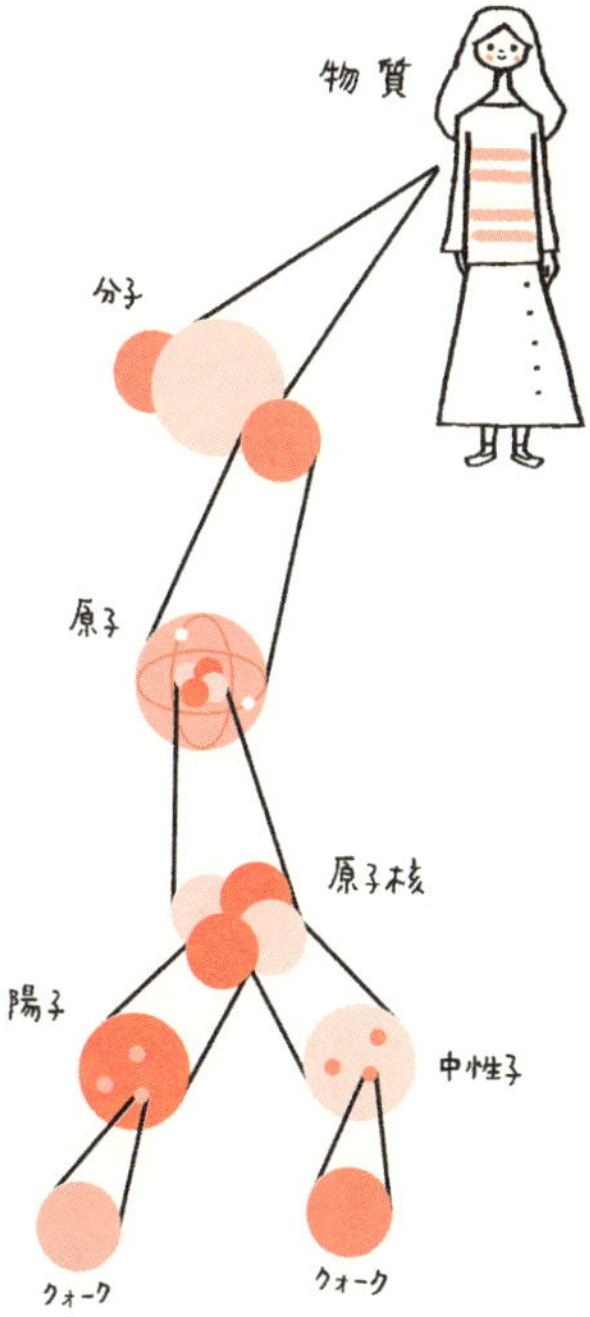

です（人がコーヒーを飲むぞ！　と観測意識を向けたことにより、初めて素粒子が固まり物質化します）。現象を生み出すためには、あなたの意識（明確な意図、決意）を先に送り出すことが大切なのです！

私たちがこの意識やエネルギーをどう扱うかで、自分の未来を望むように創り出せるかどうかが決まってくるのです。

この理論に出会ったとき、精神世界や心理学の探求だけでは引き寄せが腑に落ちず、現実も変わらず、そもそも「自分の願いが叶うと信じきれば叶う！」の部分が全然できなくて、長年苦しかった私はスッと心が晴れた気がしました。

「そうなってるからそうなのです！」とだけ言われても、とうてい信頼しきれなかったのが、こうして理論による裏付けを知ることができただけで、「なるほど。意識が先なのであれば、自分で引き寄せることはやっぱりできるのかも」とモチベーションを再度上げることができたのです。

「決める」とは、具体的に何をするのか？

では、「引き寄せの大原則その❸」の「決める」って、具体的にはどうすることを言うのでしょう？

残念なお知らせなのですが……決めるって非常に簡単です。

脳内でただ、「私は〜する！　私は〜になる！」と宣言するだけなのです。

え？　それだけ？　と言われそうですが、それだけです！（もちろん周囲に誰もいなかったら、声に出すのもいい効果があります！）

ワクワクしながら、「私はその現実を手に入れるんだ！」としっかり決めてください。脳に聞かせる感じです。

しっかり決めたとき、あなたは一瞬ですが、欲しい現実を得たときのまさにその波動状態になっています。一瞬だけそうなった波動状態を、次に「常にそうである」という継続状態に移行させていくのです！　これが引き寄せるということです。

「決める」とどうなるか？

さて、では、「私はこうなる！　こうする！」と願いをしっかり決めると、どうなるのでしょう？

私たちが心からのワクワクで「こうする！」と願いを決めると、その願いが叶う「プロセス」が、まずスタートしていきます。**「プロセス」というところがポイント**です。

本気で決意したら、何かしら行動がしたくなります（もし、全く何もしたくならない場合は、それが心からやりたいことの決意なのかを見直してみてくださいね）。

たとえば、あなたが「喫茶店でコーヒーを飲むぞ！」と決めると、喫茶店を探そう！　と行動したくなります。ここからコーヒーが目の前に出てくるまでの物理的な「プロセス」が起こり始めます。あなたは喫茶店に入り、注文をして、コーヒーを淹れてもらって、店員さんが目の前にサーブしてくれて、ようやくコーヒーが飲める。

こうして書いてみると、けっこうな段階がありますよね？　決めることによって、こうしたプロセスが、ゴールから逆算して起きてくるのです。逆に言うと、**決めないと何も起きてこないのです！**

決めてから叶うまでには時間のズレがある

私たちが決意したとき、量子力学の世界で何が起こるかというと、まず願いごとが叶うための枠（型）が創造されます。このときはまだ「そうなる」という型だけで、身（私たちの物理要素）は入り込んでいません。

私たちは三次元＝体のある世界に生きています。願いごとを宇宙に放った後、この三次元に生きている、という部分が実は少々ネックとなるのです。決めたのにすぐポンと目の前には出てこない。手品ではないので、それなりのプロセスが起きて、はじめて形となって実現するという流れがあります。これは「タイムラグ」と呼ばれています。

仮に「私は素敵な彼氏をゲットする！」と決意したとしても、いきなりその瞬間、素敵な彼氏が空間からポン！　と出てくるわけではなく（それも楽しいからめちゃめちゃアリ！　なのですが）、観察者である自分の決意によって、意識が放たれ、まず願いが叶うための型のようなものができ、そこに本物の素敵な彼氏の体が入ってくれるためのプロセスが起きてくる、ということなのです。

だから叶うまでに多少の時間のズレがあるのです。

若干歯がゆい感じですが、ここに、この三次元で人間として生きている素晴らしさがあります。

もし、何かを決めたとたん、どんなこともポンポン間髪入れずに現実化したら、と考えてみてください。何でもプロセスなしにすぐ叶う、欲しいものはすぐ出てくる、って最初は面白いかもしれません。でも絶対飽きちゃうな、とやがて気づくと思います。

瞬時に目の前に出てこないことって、だから実は素敵なことなのです。

叶うまでのプロセスによってワクワク、ドキドキしたり、どんなふうに起こってくるかがわからないからこそ、ちょっと落ち込んだり不安になったりということもありますが、**「叶うまでのプロセス」と「途中の感情の彩り」を楽しむことって、人間として生まれた私たちの大切な役目でもあるのです。**

量子力学でいうところの、決めて意識を向けたら来る、意識を向けたものが増大する、ということは少しおわかりいただけたかなと思います。私たちは学者になりたいわけではないので、この本では引き寄せに必要な部分、エッセンスだけをわかりやすく解説することを目的としています。引き寄せ実践においてはこれだけで十分です。

昨今、量子力学という言葉自体は、テレビドラマのセリフにも登場するくらいになっていて、目新しいという感じはすでになくなっているように感じます。こんな画期的な理論を発見してくださった偉大な科学者の方がいらっしゃったこと、また自分がこの理論に出会えたことに、心から喜びを感じています。

5

引き寄せの大原則［その❹］

決めたら、その願いはいったん放っておく

さて、「私はこうする！　こうなる！　これを得る！」とワクワク決めたその後は、どうしたらいいのでしょう？　ここも、願いを叶えていくのに大切なポイントなので、よく覚えておいてくださいね。

決めた後は、その願いは基本「放っておく」のです。

宇宙に「お任せする」という言い方もできますね。

宇宙に放ったあなたの願いは、強い心の抵抗で邪魔しなければ、自動操縦（オートパイロット）で叶うようになっています。これは飛行機の場合とよく似ています。た

とえば、大阪国際空港を出発して羽田空港までのフライトだとすると、離陸・着陸時は手動操縦ですが、大阪国際空港を離陸した後は、目的地の羽田空港まで自動操縦になっていますよね。

同じように、願いごとを宇宙に放つことは自分で意識的にやらないといけないので、手動操縦。そして離陸した後、願いが叶うまでのプロセスは自動操縦なので放っておいてオッケーです。

願いが叶うとき（=着陸時）はちゃんと受け取ってくださいね。

このように、決めたらまずは決めっぱなしにしておく。あとは、日々の生活の中で、なるべく楽しいことを選んで過ごし、自分の心に正直に行動する、ということを実行していきます。

たとえば、「あ、今日は仕事の帰りにあのカフェへ寄って、ホッと一息つこう！」と思ったらその通りに行動してみる。「帰ったら、録画していたドラマを見よう！」と思ったらそうする。

こんなふうに、決めた願いと直接は関係ないような、小さなことでいいのです。心から湧いてくる、これらの小さな願いを日々叶えながら過ごしていくのです。

自分のやりたいことを許可しているときって、それだけで必ずいい気分になっています。だって、したいことをしているから、嫌な気分なわけがないのです。自分を満たしてあげるってことですね。その満たされた感覚を日々、少しずつ体に浸透させながら生きるのです。

この間、決めた願いは忘れてしまってもいいです。だって、決意したら（願いを宇宙に放ったら）、勝手にプロセスは起きるようになっているからです。

どうして忘れているほうがいいのかについては、さらに詳しく説明できます。願いが叶っていくのをはばむ、ある原因とともに後で解説しますね。

そして、忘れていた願いを、あらためて決め直さないといけないとき、というのもあります。こちらも後で説明しますね。

6

引き寄せの大原則［その❺］

「受け取り許可」をしたものしか受け取れない

許可する、という言葉、よく聞くような気がしますが、でもこの言葉の意味、少しわかりづらいですよね。クライアントの方からも、「この言葉の意味がわかりません」というご質問を受けることがあります。

受け取り許可をするとは、具体的にどういうことを言うのでしょう？

これは、**「自分の願いを受け取ります！」としっかり自分自身に宣言する、**ということです。結局はこれも、決めるということなのですね。

「私、それ、欲しい分だけ遠慮なくいただきます！」と堂々と言い切ることができるくらいでないと、欲しいものはやってきてくれません。たとえば、結婚してこれからの人生を幸せに生きていく、というような設定でも、「私はたった今、この場で結婚しちゃっても構いません！」といさぎよく言えるくらいでないと、結婚するようなパートナーはなかなか現れないのです。

ここで初めて「設定」という言葉を出しましたが、設定とは「引き寄せの設定」ということです。引き寄せの法則を使って、自分が何を引き寄せたいか決めること。これを「引き寄せ設定」と言います。これ以降、「設定」と書いていきますので、覚えておいていただけると幸いです。

さて、この「自分に許可する」というところで立ち止まっている方が実は多いのではないかと思います。

「私はまだ受け取るのにふさわしくない」と思っている人はいませんか？

「お金をたくさん得るなんて、私にはまだ無理かも」

「素敵なパートナーが来たら、やっぱり怖いかも」

「付き合い出したら付き合い出したで、浮気しないかなとか、また新しい心配が生まれそう」

そんな感情が顔を出していませんか？

こういった感情があることを今自覚している人は、実はチャンスなのです。何のチャンスかというと、これらの感情にもうお別れするチャンス！　なのです。浮き上がってくる感情は、すべてお知らせのサイン。あなたの中にこんな思い込みがありますよ、というサインです。

このタイミングでそれらに感謝して「さようなら」と伝えたら、すかさず次は、**「これから私は欲しいものを、欲しいだけ受け取ります！」と宣言し直せばいいのです。**

「申し訳ない」という気持ちは手放しておく

実は、受け取るのが怖いとか、受け取ったら申し訳ないという感情が、現実を動かすのに大きなストップをかけています。なので、本当に願いが叶っていくエネルギーの流れを創りたいと思うのならば、単純ですが、やっぱりまずそれを「得る!!」と決めることからなのですね。

「私は欲しいだけ受け取ってよい」と思えていないと、お金や、人とのご縁、ほかの物理的環境などはスムーズにはやってきません。小さい設定にしていれば、それだけしかやってきません。**自分が許可した分だけしかやってこないのです。**

思考修正の方法としては、たとえば、お金の引き寄せであれば、「お金のエネルギーをありがたく受け取ります」と決めたら「私は受け取る価値がある人になります」ということも、同時に決めておきましょう。

申し訳ないような、いいのかな、悪いなあ私なんかが、という思いが抜けていくと、エネルギーはスムーズに流れてくるようになります。

どれくらい得るかは徐々にレベルを上げていっても構いませんが、**最初に、「欲しいものは欲しいだけ受け取る！」と宣言することは忘れないでください。**

せっかく引き寄せたけれど、実際来てみたら怖い！　どうしよう！　という状態だと、せっかく引き寄せたことも、この思考のせいで止めてしまったり、ほかへ流れていってしまったりすることになります。大きなお金の引き寄せをしたい！　と思っている人だったら、いきなり設定した額がやってきても、いつでも「はい！」と遠慮なく受け取れるマインドを作っておかなければなりません。

申し訳ないとか、もらっていいのかなという思考とは、欲しいものを受け取るまでにぜひさよならしておきたいものです。

実例

「いっぺんに得ていい」と許可したら、転職も臨時収入もゲットしました！

私は独立して半年ほどになりますが、セッションや講座を通じて、すでに何百人という方にお会いしてきました。自分の内側にあるネガティブ感情を受け入れてうまく付き合っていくことで、多くの方が変化し、素晴らしい引き寄せ体験をされています。願いを引き寄せることは、本当に誰にでもできることです。

たくさん届くご報告の中から、体験談を少し紹介します！

知的な雰囲気のチャーミングなAさん。彼女は私のブログに出会った頃、仕事をやめようかどうしようか迷っていたそうです。私のブログの転職引き寄せの記事をすみからすみまで読んで、心に響いたものを手帳にメモして日々引き寄せを実践してくださっていました。

Aさんにはずっと、

「やりたいことでお金を得るのは難しい」

「好きな仕事に転職するなんていけないことだ、今の勤め先にも申し訳ない」

「欲しいものをいっぺんに得るなんて難しい」

というようなネガティブな思い込みがたくさん存在していました。

自分の中から湧いてくる「これがやりたい!」というワクワクの気持ちは、やりなさい、のサインです。ですから、そちらに行っていいですよ、と私はお伝えしています。

ただ、これまでご縁のあったところにも必ず感謝は必要です。なので、

「これまでに感謝して、円満なかたちで今までの仕事を終わらせる」

「やりたいことで新しい仕事を得る!」

「好きなことでお金を得てもいい、欲しいものをいっぺんに受け取ってもいい」

と決めていただきました。

途中で出てくる、「できない！　難しいかも！」のネガティブ感情はすべて「オッケー！　そう思ってもいいよ」と認めて、その後「でも好きな仕事に転職して成功する！」と決め直してもらいました。

Aさんは、1次面接、2次面接と順調に合格し、役員面接の後、内定通知が届きました。その1週間後、転職後の処遇がはっきり知らされたそうですが、なんと年収が150万円アップとなったそうです！

そしてさらに、この転職活動の間に、3万6000円の臨時収入、さらに1週間後に1万円の臨時収入、内定後には半年先まで予約がいっぱいのお芝居に無料招待されるというおまけまでついてきたそうです。

Aさんからはその後もご報告メールが届いています。新しい職場は本当に理想通りで、勤務時間が短縮でき、周りも穏やかで親切な方ばかりで、仕事内容もこれまでの経験が活用できそうだとのこと。それから、転職に伴い引っ越され、ご自身の条件をすべて満たす理想の家も引き寄せたそうです。

ネガティブ感情を受け入れて、願いを決め続けることによって自分の波動（エネルギー）が変わると、願っていること以外でもこのようにどんどん引き寄せが起こるようになります。Aさんのますますのご活躍をお祈りしています。

7 「今ここ」で選んだ思考が次の現実を創る

引き寄せにおける現実創造の基準は、「たった今」のみです。この「たった今」が次の「たった今」を創っていきます。

あなたの、たった今の波動の状態や感じているエネルギーが基準となって次の今を生み出しているので、見ておくべきは、過去でも未来でもなくて、常に「今」だけなのです。

量子力学の世界では、物理創造は肉眼では見えないくらいのものすごいスピードで繰り返されています。たとえば今あなたの目の前にコップがあるとして、そのコップはそこにとどまって存在しているように見えていますが、本当は毎瞬毎瞬、新しいコップに創造し直されているのです。ただ、あまりに速いスピードなので肉眼では見ることができません。だからまるで固定化されて存在しているように見えているのです。

人間の思考にも全く同じことが言えます。

今仮にあなたが「お金がない」という思考を持っているとしたら、その思考をずっと送り出し続けているから、お金がない現実が延々と続いていきます。

しかし、「お金を得る」という思考を選び直したら、その瞬間から「お金を得る」に変わる物理的プロセスが起きてきます。どこかで思考を選び直さないと、現実は延々と変わらないままです。

もし仮に、見たくない現実を見てしまった瞬間があったとしても、現実は毎回毎回いったん壊れて再創造・リニューアルされていくのですから、たった今、思考を心地よいものに選び直した時点で即エネルギーが変わり、その変わったエネルギーで「次の今」の創造が起きてくるのです。

現実を変えるって本当に簡単なことなのです。思考を選び直したらいいだけ。ずっと変わらないと思っているのは、あなたのパターン化した思考のクセであり、ただの思い込みです。

たった今から違う思考（現実）を選択する！　と決めれば、その瞬間から変わることはできるのです。しかもチャンスが毎瞬毎瞬ある。量子力学の世界はそのように創造してくれる。こんなありがたいことはないのです。

現実はいつでも変えられる。いつでも選び直した瞬間から変えられる！
「たった今」の波動が、あなたの「次の今」の基準になる！

これをぜひ覚えておいてください。決めたことに対して、できない、やれない、無理、という感情が出てきたとしても、**最後は必ず「できる！　やる！」という最初の願い・決意に意識を合わせ直してください。**途中で「やっぱりできないかも」という感情が出てきたとき、そのままで放置しているから「できない」の現実のままになってしまっていることに、多くの人は気づいていません。

8 ゴールは現状を〝見ないで〟設定する

「たった今」の瞬間の波動があなたの「次の今」の基準になるので、あなたの目の前の現状と、叶えたい願いの間に因果関係を持たせる必要はありません。

そして、少しくらいネガティブを選んでいたって、気づいたときに思考を選び直せば、その選び直した思考が基準となり、次の今の現実を変えるための物理次元が開いていくのです。

だから全く心配には及びません。

それよりも、とにかく、まず決めること（ゴールを設定すること＝意図すること）です。「できない、やれない、無理」が自分の内側から出てきたら、受け止めてしっかり見つめてやり、それから望む未来（次の今）へ思考修正する、という流れで常に感情を見ておくこと。**最後は、「得たい現実」を必ず選び直します。**ここがポイントです。

「私は今、お金がないから明日もないだろう」と思い込んでいるから「明日もない」という状況を生んでいるのです。あなたのその自動的にやっている思考が現実を創っていることに気づいてください。

AだからBになる、という計算式を頭の中に大事に抱えていると、望む未来は永遠にやってきません。この計算式は、今日ガサッと捨ててしまいましょう！　目の前の現実を完全に無視する！　何も見えてなーい！　くらいの意識を持ってくださいね。

今彼氏がいないから＝明日もいない。そんな根拠はどこにもありません。

私はぽっちゃりしているから＝彼氏ができないだろう。

私はずっと彼氏がいなかったから＝今後もできないだろう。

このように、勝手に自分の頭の中でくっつけている意味のない因果関係を、一切とっぱらってしまう思考を、ぜひこれから習慣づけていってください。

もし、AだからBになる、と自動的に思考してしまったときは、「あ！ これは選びません！ 私は素敵な彼氏と出会います」と再度脳内で決め直したらいいです。それだけで大丈夫です。

今、目の前で臨場感たっぷりに見えている現実と、これから自分の現実に持ってきたい設定との関係をブチッと、分断です。これはこれ、それはそれ。だから両者は関係ないのです！

9 願いが叶わない最大の原因は「心の抵抗」

さて、願いを叶えるのをはばむ存在がある、と先に書きましたが、願いを叶えるのに最大の妨げになることとは何でしょう?

それはとにかくにも、「心の抵抗」です。

何かを手に入れようとしたときに自動的に湧いてくる不安や恐れ、心配、執着の気持ち。「お金を得るには、ものすごく苦労しないといけない」というような負の思い込み(マインドブロック)。

それらが、決意を宇宙に放った後に水面下で起き始めたプロセスを止めてしまっているのです。よく言う、「ブレーキとアクセルを同時に踏む」とか、「進もうと歩き始めたのに、ものすごい向かい風が吹いてきて、進めない状態」のイメージですね。

結論から言うと、心の抵抗があると願いが絶対叶わない、というわけではないのですが、進行が遅れて一旦停止しているような状態が起きてくるために、大抵の人はここで「もう叶わないんだ」とか「やっぱり私には無理なんだ」と思い込んでしまうことが多いようです。せっかくプロセスが起き始めたのに、もったいないですよね。

でも、本当はこの向かい風の上手なよけ方を知ればいいだけなのです。

向かい風の上手なよけ方は、Chapter 2以降で説明していきます。

Chapter

2

ネガティブ感情があっても願いは叶う

Ⅰ

心の抵抗をゼロにしようとしない

先ほどお伝えしたように、願いが叶わない一番の原因は「心の抵抗」です。心の抵抗とは、「やっぱり叶わないかも」という恐れや、「どうしても彼と復縁したい！」という執着などの感情のことです。

しかし、この心の抵抗を「100パーセントなくさなきゃ！」と頑張る必要はありません。

たとえば「執着」という心の抵抗があるとき、「執着さえ完璧になくせば、私の願いは叶うんだ！」と考えて、日々「執着を手放すこと」や「今どれくらい執着を手放せているか」を確認する作業に意識を向け続けているとしたら、本末転倒です。

なぜかと言うと、強く意識を向けていることが引き寄せられてくるのが引き寄せの法則なのですから、意識を傾けておくべきはそちらではなく、本当は「願いを叶えること」のほうですよね？

あなたはなぜ、心の抵抗をゼロにしないとダメだ、と思うのでしょう？　心の抵抗が少しでもあると、願いが叶わないと思い込んでいるのではないでしょうか。

でも、本当は心の抵抗をゼロにしなくても大丈夫なんですよ。ゼロにせずとも、減らせばいいのです！

思考全体を10として考えるならば、ポジティブ思考とネガティブ思考の割合が5対5から6対4くらいに傾き始めたときに、現実は少しずつ動き始めます。公園のシーソーが傾く様子を思い描いてみてください。あんなふうに、重くなったほうへ動いていきます。

この段階でも、ネガティブ思考は別にゼロにはなっていないですよね？　5以下にはなったけれど、やっぱりちゃんと存在しています。

ネガティブがあっても、その割合が減り始めれば、願いが叶う方向にちゃんと現実

は動いていきます。だから、ネガティブ感情が自分の中に残っていていいですし、逆にそれが人間なんだから自然なことなのだ、くらいに思っておいたらいいです。

むしろ、ネガティブ感情が全くない人って、よく考えたら怖くないですか？　人の感情って複雑であるからこそ、彩りがあるというもの。人間らしいというもの。ゼロか100かしかない！　というような思考は、思い込みです。

大切なことは、「あなたの心の抵抗外しゲーム」に大切な24時間を使うことではなく、あなた自身が、あなたの1日をできるだけ楽しさやワクワクを感じながら生きて、波動の状態をよく保つこと、なんです。楽しくしていたら「楽しい」がやってくる。ただそれだけ！

彼氏が欲しいという引き寄せ設定だったら、楽しいな、の波動で過ごすうちにパートナーが現れてきます。天職に出会いたいという設定だったら、やっぱり楽しく過ごすうちに天職にめぐり合えるのです。

2 ネガティブ感情は潜在意識からのサイン

ネガティブ感情が出てくる、ということは、その感情が潜在意識の中にあるよ、ということお知らせサインです。あなたの中に、こんな負の思い込み（マインドブロック）がありますよーっていうことを教えてくれているのです。

この感情は、かさぶたが自然にはがれるように、もうさよならしてもいい頃だよ、というサインだから意識上に浮いてくるのです。だからあなたは本当は、そこにネガティブ感情があったと気づけたことに感謝して、**「これからは、願う現実を選ぶほうに意識を向けます」と宣言すれば、自然にその感情は流れていってくれるのです。**

どんな感情も、時とともに少しずつ小さくなって自然消滅していったり、たとえ覚えていても、臨場感を失っていったりするのです。

私が願いごとを叶えてきた過程では、不安や恐れ、過去の経験からのネガティブな思い込みなどが、いつもどこかで顔を出していました。

引き寄せたい願いを設定したら、ワクワク感はもちろんありますが、でも、そのワクワク感には、不安や恐れなどのネガティブな感情も、ピターッと背中合わせにくっついて存在していたりします。みなさんにも心当たりありませんか？

ネガティブもピョコッと顔を出すくらいだったらまだかわいいものですが、ドカーン!! と心の大部分を占めて居座っていたことだって、私にはけっこうありました。でも、それでも、やっぱり「決めた」ことは、ちゃーんと叶ってきたんです。これだけネガティブとのお付き合いがあっても、です。

どちらの感情にも同じ価値がある

引き寄せ実践では、「願いを設定しても、ネガティブ感情に引きずられてしまう」

とつまずいている方が多いのではないでしょうか。お会いするクライアントの方たちのお悩みでも、一番多いのがこのご相談なのです。

でも、ネガティブ退治なんてしなくていいんですよ。すべての感情は、私たちが人間として生きていくうえで必要だからこそ、持って生まれているのです。だから、ネガティブ感情はいけないものなのだ！　と決めつけてしまっているところに、そもそもの問題があるのです。

ポジティブ感情もネガティブ感情も、本当は「等価値」です。どっちがよくてどっちが悪い、はないのです。よい悪いを決めているのは私たちの判断＝頭の中のデータです。もともとはどちらも同等なのですよね。**どちらも大切に思ってあげると、すべてうまくいくのです。**

否定感＝否定的な現実が来ると、すぐにくっつけて恐れを作らないでくださいね。

3 ネガティブ感情には2種類ある

ネガティブ感情と呼ばれているものは大きくふたつに分けられます。

ひとつは、不安や恐れや心配など、生理的側面から起こってくる感情です。新しいものを手に入れようとすると、ふっと湧いてくるような怖さとか、大丈夫かな、という心配などがこれです。

そして**もうひとつがマインドブロック（＝負の思い込み）と呼ばれ、人それぞれ違うという性質のものです。**これらは過去の経験、周囲に言われてきたこと、教えられてきたことから自分の中に構築されます。

たとえば、恋愛に失敗した経験が何度かある人は、「恋愛は難しいもの」という思い込みが確立されている場合があります。お金に苦労した経験が多い人は、「お金は簡単には得られない」という思い込みを持っている場合もあります。しかし、これは万人に当てはまることではありませんよね。このように、マインドブロックは、人それぞれ違っています。

新しいものを得るときの不安や恐れは問題ない

なぜこのように2種類に分けたのかというと、最初に書いたほう、何か新しいものを得ようとして起きてくる不安や恐れというものは、持っていても問題がないからです。

脳は、基本的に新しい世界を見ることが怖いので、知らなかった世界へ行こうと決意すると怖さを自然に発生させるのです。たとえば、「新しい仕事にチャレンジするのはワクワクするけど、やっぱり怖いんです！」とおっしゃった方がいたのですが、これはそういうことなのですね。

そして、本気度が高い決意ほど、この怖さがドーッと強く出てきたりするのです。

だから、恐れが出てきたら、まず喜んでください！
それだけみなさんの決意が本気！　ということの素晴らしい証明だからです。

この種の恐れ、心配、不安というのは人間誰しも持っていて当たり前、むしろ、ないと困るものです。

人間には本来、自分自身の身を守るための感情の働きがあります。それがこの不安だったり、恐れだったり心配だったりするのです。生理的・本能的な反応なのですね。だから何かをしようとしたとき、不安になったり怖くなってしまう自分をダメだ、と責めたりしないでくださいね。全然問題ないのです。これらの感情反応こそが、自分を守ってくれているのです。

ただ、この反応も、一歩も行動に移せないほど力が強かったら、やっぱり願いごとを叶えるのに邪魔になってしまうことがあります。だから少し抵抗を和らげて、スムーズに自己実現していけるワークをChapter 3でお伝えしますね。

4 人によって願いの叶い方に差がある理由

次にもうひとつのネガティブ感情、マインドブロック（＝負の思い込み）についてです。

「願いが叶わないのは、私にだけ法則が働いてないの？」などと思う必要は全然ないです！　宇宙は、「この人の願いは叶えるけど、あの人の願いは叶えてあげない」「この人には法則が働くけど、あの人には働かないようにしよう」などという選別は絶対にしません。

また、「お金は来たけど、パートナーは全然来ない。叶う願いと叶わない願いがあるのですか？」という質問をいただくこともありますが、こういうことも本当はありません。宇宙はそんな愛のないことは絶対しないのです。お金が来たら、本当は天職も恋人も来るのです。どれかだけ来ない、は本来ありえません。法則はそんな難しい働き方はできません。すべて平等です。

では、どうして自分にはなかなか来ないものがあるのか、というところが疑問ですよね。実はここに、人それぞれが持つ、マインドブロックが関係してくるのです。

自分がどこにブロックを感じるのか見つめる

人間の脳にはさまざまなデータが入っています。データは、生まれてから自分の目で見てきたこと、聞いてきたこと、体験してきたこと、人から言われてきたこと、教えられてきたことなどから作られるため、育ってきた環境などにより本当に人それぞれ固有のものになっています。

そのさまざまにインプットされているデータから、マインドブロックが作られていきます。人は思い込みでできている、と言ってもいいくらいかもしれませんね。

先ほど見たように、持っているブロックが人それぞれ違っているうえに、一人の人の中でも、「お金に関しては大丈夫だけど、恋愛になると強くブロックがかかる」というようなことも起きてきます。ブロックのかかり方は100人いたら100通りです。本当にそれぞれ違うのです。

ですので、**やはり自分に合った方法で、できるだけ楽にブロックを外してあげるやり方を選んでいったらいいのです。**

引き寄せの法則はすべての人、物事に平等に働いている法則です。なので、たとえば、お金が引き寄せられたなら、心から望んでいれば、本当はパートナーだってやってきます。ただ、ブロックが強いことで少しだけ遅れているのかもしれません。

引き寄せ実践をしていくときは、自分がどんなところにどんなブロックを感じるのかを見つめてあげるといいです。大切なことは、人と自分を比べるのではなく、自分自身の傾向はどうかを見てあげること。そっか、私はお金に対してブロックが強かったんだなと気づけたら「これからその思い込みを外します！ そしてベストなタイミングで望みを受け取ります」と、まず決めてください。

決めてその意識を宇宙に放てば、そこから現実が変わるプロセスが起きてきます。

5 叶うと信じるのが難しければ、「決め続ける」だけでいい

自分の願いが叶うことを信頼する、信じ切る、ということが難しい。
そんなときはどうしたらいいでしょうか？
叶うと信じられなくてもいいので、叶える、と決め続けてください！

私は素敵なパートナーと出会って結婚して幸せに暮らす、と決める。
（↓絶対叶う！　と信じ切れなくてもいい）

好きな仕事に転職して今の倍の収入を得る！　と決める。
（↓絶対叶う！　と信じ切れなくてもいい）

これができずに、途中で諦めてしまったり、テンションが下がってしまったりという人がたくさんいらっしゃいます。

叶うと信頼し続けることが難しくても、ただ「私はこうする！　こうなる！」と決め続けるだけならできるはずです。「自分宣言」するだけですから。これだけで、引き寄せるためのプロセスはちゃーんと開いていくのです。

ポイントは、「叶わないかも……」という感情が強く出てきたときにこそ、「決め直す」ということ。逆に、毎日毎日ワークのように、「私は転職する！」なんてやらなくていいです。モヤーッと「叶うなんて信じられない……」という感情が出てきたときや、「やっぱり無理だよな」と強く感じたときだけでいいのです。こういうときだけでいいので、しっかり願いを決め直します。

量子力学のところで説明したように、「叶うと信じられない」「無理かも」という思考を出し続けていたら、だんだんそっちに引っ張られてしまい、最終的には「無理かも」という現実を創造してしまいます。

確かに、叶う！　とストンと信頼しきれたら言うことはありませんよね。信頼しきっていたら、やがて設定した願いは叶うでしょう。

しかし、「信じきる」。これがなかなかできない。ですよね？

無理やり信じ込もうとして、その部分で心の格闘をするくらいなら、「どうなりたいか決める！」。無理かも、という思考にぶれ始めたら、**「決め直す！」**。これをやり続けるほうが絶対引き寄せは早まるし、効果があります。

決めたら、量子力学の世界では現実創造の種が蒔《ま》かれて、育つように動き始めます。

信じられない、信じられない、と悩むより、私はこうなる！　こうする！　という「在りたい姿」を見て、決意し続けるほうがゴールは絶対近いです。

6

宇宙のすべてはバランス

引き寄せを実践しても、この宇宙から自分の嫌なものをすべて排除することはできません。**物事にはすべて陰陽、表裏、明暗があります**。それらがセットになって初めてひとつの存在です。

思考が変われば明らかに心地よい出来事は増えてきます。しかしそれは、自分の世界から一切の嫌な出来事が消えてなくなる、ということではありません。自分の思考のあり方が変わったせいで、今までならマイナスに捉えていたようなことも、そうでもないと思えたり、他者のよい面を見ることができるようになったりして、現実が変化しているということも含まれるのです。

引き寄せの法則は、言い方を変えると、「ものの見方・考え方」の法則です。いい意味をつければそのように見ることができる自分になっていく。その練習をするのが引き寄せ実践とも言えるのです。

宇宙は正も負も存在しているのが普通の姿です。私たちは、マイナスと思える体験からたくさん学んだり、知ることができるのです。どちらの存在も同じ価値としてあることで、宇宙のバランスがとれているのですね。

7 夜は昼よりずっと色彩豊か

ある日の朝、飛行機に乗っていたときのことです。私は飛行機に乗ると、機内の音楽番組を聴きます。プレゼンターのトークから、いつも何か素敵な情報や直感が得られるからです（そう思って聴いているから、脳がそのように導いてくれるのですが）。

そのときのテーマは「空にまつわる楽曲」で、1曲目に流れてきたのが、大好きなアーティストの曲でした。それだけでワクワクしたのですが、「空と宇宙の境目はどこからか？」というお話が曲と曲の間にあって、「いわゆる大気圏の外ってどこからを宇宙と言うのか」という質問がありました。それに対してプレゼンターが「海抜高度100キロメートルからが宇宙空間とされている」とおっしゃっていました（「カーマンライン」というやつですね）。

もちろん、厳密にここからが宇宙！　とは定義できないのでしょうが、なんだか聴いていてとてもワクワクしました。

私が本書やブログで書いている宇宙（時空間）とはまた違う定義の宇宙ですが、私は空を飛ぶってワクワクするので、飛行機の旅はいつもとても楽しいのです。


トークの最後に、こんな引用がありました。「夜は、昼よりずっと色彩豊かなのだよ」という言葉。画家のゴッホがある書簡に記した言葉です。ゴッホは、夜や星空を好んで絵にしたとか。

ゴッホがどんな意味を込めてそう記したのかはわかりませんが、私はこの頃、ちょうど裏表、陰陽、夜と昼、ネガティブとポジティブ、という相反する力の意味についていろいろと考えていた時期だったので、強く記憶に残りました。〝ネガティブな感情はいけない。なんとかしましょう、できるだけ考えないようにしましょう〟というのはある意味正しいけれど、厳密には正しくない。だよね？　と再度、自問自答していた頃だったのです。

ゴッホの「夜のほうがずっと色彩豊か」という言葉のように、ネガティブのほうが私たちにとって、実は強く訴えるような奥深い意味を持った感情とも言えるのではないでしょうか。はっきり見えない何かが隠れていて、それが普段はあまり見えないようになっていて、でも時々垣間見えることもあって、映し出されたものから知り得ることが大きい。そんなふうに、自分の頭で解釈して聴いていました。

引き寄せを実践するようになって、私が腹に落としたことの代表格がこれです。

「ネガティブこそ愛せよ」

夜はダメなんじゃない。普段暗くてあまり見えなかったりするんだけれども、昼よりもひょっとして色彩豊かな何かがたくさん隠れているのではないかな。本当の心のひだとか、複雑で奥深い感情って「夜」の部分にこそ隠れているのではないかな、と。

それこそ色彩豊かなのではないかな。

そんな思いを重ね合わせて、その番組を聴いていました。

8 どんな自分も絶対に否定しない

ここまでで、ネガティブを悪いと思わなくていい、ということはもう理解していただけたかなと思います。

それでは、だんだん実践法に近づけていきますね（次の Chapter 3では、ネガティブがあっても願いが叶えられる思考修正法をお伝えしていきます）。

まず最初にしていただきたいこと。それは、

「どんな自分も否定しない」

ということです。

これはぜひ習慣にしてください。後述する、「自分を愛するとは？」という項目

（P206）にも関わってくる部分なのですが、普段から自分のことを常に否定ベースで見ている人がとても多いのです。

・すぐ人と比べては↓　**私のほうができていない**
・毎日がんばって仕事をしているのに↓　**まだ足りない**
・人を妬《ねた》んだり、うらやんだりする気持ちが出てきた↓　**私って嫌なやつだわ**

こんなふうに、何か新しい感情を抱くたびに、自分を否定で捉えるクセがついている人が多いように思います。

人を妬んだとき、相手に向かって「妬ましいから、あんたなんか、どうにかなっちゃえ！」というような思考エネルギーを投げるのは絶対よろしくありません（出したものが受け取るもの、という法則により、自分にはね返ってきます）。

ですが、自分自身で「私は今、あの人のことを妬ましいと思ってるのね」と感じるぶんについては、内観作業なので逆によいことなのです。自分をしっかり見つめて、今、自分はそんなふうに感じているんだ、とその感情に自分が共感してあげている時間なのですから。

そして、**妬ましいと思ってしまう自分にも、ぜひ「それでいいよね。そりゃ、私だって妬ましいときもあるよね」と言ってあげてください。**

妬み以外にも、

・家でぐーたらしても否定しない
・グチりたくなっても否定しない
・人より仕事が少し遅くても否定しない
・彼氏がずっといなくても否定しない
・ダイエットに挫折しても否定しない

自分の感情はすべて「肯定ベース」で受容してあげるということです。

このように、どんな状況も、どんな自分の態度も、どんな自分の感情も否定するのをやめていくと、不思議と他者から否定されることが減ってきます。外側から言われることは、自分の内側にあるものを見せてもらっている場合が多いので、**自分が自分の否定をしないと、自分を否定する人もいなくなってくるのです。**

修正した思考は「名前をつけて保存」！

ブラックな思考がムクムクと自分の内側から出てきたって、他者にそのエネルギーを投げつけなければいいのです（何度も言いますが、投げたらダメですよ！）。そして大切なことは、自分のことを肯定してあげながら、最後は「どんな自分で在りたいのか」という部分をしっかり設定して、イメージしておくこと。

たとえば、もしダイエットに成功したかったら、現状では結果が全く目に見えていなくても、できていない自分を否定しない。ただし、そこで終わらせず、「今はできていないけど、必ず痩せる！」と決め直すこと。そこまで思考を持っていきます。

何かひとつのテーマに対して思考を送り出すときのポイントをお伝えします。途中で「できないかも」という否定感がたくさん出てきても全然問題ないのですが、そのテーマの思考を終わらせるとき、最後の段階は必ず「でも、私はこうする！」という自分の得たい願いの形に再度戻していくことが大事です。

脳は思考の最終結果を拾います。パソコン入力の上書きと一緒で、修正した最後のデータを採用するので、ネガティブな感情を出したとしても、最後に「名前をつけて保存」するときに、「私は痩せる！」にしておけばいいってことです。

これはとても大切なポイントです。

Chapter 3では、このネガティブ感情から願いを叶える思考修正法について、順を追ってやり方を解説していきますね。

Chapter

3

ネガティブ感情と うまく 付き合う方法

I 思い込みに気づかせてくれたことに「ありがとう」を言う

いよいよ本章では、ネガティブ感情があってもちゃんと思考を修正し、願いを叶えていける具体的な方法について書いていきたいと思います。

人間の脳は「気にしないようにしましょう！」と言われれば言われるほど、そのことが余計気になってしまうようにできています。赤いりんごのことを考えてはダメですよ！　と言われると、逆に頭の中に赤いりんごの絵がありありと描かれてしまう。こんな感じです。

いったん気になってしまったことは、気にならないようにするのがそもそも難しいのです。だから、あなたがもし、「ネガティブなことを考えないようにしよう！」と一生懸命頑張ってきて、これまで全然うまくいかなかったとしたら、今日からやり方を変えてみることをおすすめします。考えないようにしましょう、では、解決しないからです。

自分の内側からネガティブ感情が上がってくるということは、先に述べたように、潜在意識からのお知らせのサインです。「あなたの内側にこんな思い込みがあるよ、こんな思考を握っているよ」というお知らせなのですね。

だから、潜在意識が、ネガティブな感情があることをちゃんとわかるように見せてくれたことに、いったん感謝してみましょう。そして、できれば、ネガティブ感情そのものにも「ありがとう」と言ってみるといいです。

なぜなら、**ネガティブ感情があることで、自分が本当に何を望んでいて、何を望んでいないのかがわかります**。すべてはあなたが一番望むところへ行くための気づきのサインなので、悪者などではありません。

潜在意識はあなたのすべてを知っている存在です。あなたを悪い方向へ導くことは絶対ないのです！　だから潜在意識が知らせてくれることは全面的に信頼していてください。潜在意識が気づかせてくれたことによって、心地よくない思考を外す選択ができるようになるわけですから、必ずよい方向へ導かれているわけです。

潜在意識からのお知らせサインが来たら、「ありがとう」と心の中でつぶやいてみると、それだけで自分の内側のエネルギーは変わります。

私たちの感情を人間に置き換えて考えてみてください。「ありがとう」と言われて嫌な人って多分いないですよね？　ネガティブ感情も潜在意識も、あなたから「ありがとう」と言われたら絶対嫌な気はしていないはず。

ネガティブ感情が出てきて下がってしまったエネルギーも、あなたがありがとうと伝えた時点で、すでに変化し、下がったままにはなりません。だから不安に思わず、「出てきてくれてありがとう、見せてくれてありがとう」と心の中で言ってみましょう。

気づかせてくれたことに、まず大きな感謝なのです。

不安をしっかり認めてあげる

そして、不安になったとき、心の抵抗を増やさずに気持ちを切り替えるには、**無理やり気にしないようにするのではなく、逆に「私は不安になってるんだよー！」ということをしっかり気にして、認めてあげるということが大切なのです。**「今、私はめちゃめちゃ不安なんだわ、と再認識する」というくらいでいいのです。

いい気分でいられない日があってもいいじゃない、とまず認めてしまうことです。わかっていてもやめられない！　苦しい！　今はいい気分になれない！　というときには、そのいい気分でない感情を感じる必要があるのです。

感じ尽くして、少しだけ落ち着いてきたら、次に私はどうありたいか、を選んでいけばいいのです。

ネガティブなことを考えやすい、というのも思考のクセです。ネガティブを出してもいいけれど、ずっとネガティブのままだといい気分にはなれませんし、願いも叶いづらくなってしまいます。なので、ネガティブを出したり、考えてもいいけれど、ちゃんとうまく付き合って、最後はいい気分を選んでいけるような思考法を練習していきましょう。

これは誰にでもできますし、ものすごい日々のトレーニングがいるようなものでもありません。ただし、手順を守って最後までやり通してください。途中で放り投げてしまうと、ネガティブな思考で止まってしまうので、現実創造の基準がそのネガティブな思考にすり替わってしまいます。何度も言っていますが、これは要注意です。

2 肯定→共感→修正の3ステップでネガティブ感情を「解放」する

それでは具体例を挙げながら、手順を見ていきましょう。

ポイントさえ押さえておけば、ことあるごとに自分の内側から湧いてくるネガティブ感情に必要以上に振り回されることなく、自分の望む未来を見続けながら願いを手に入れることができるようになります。

例）あなたには、どうしてもやりたいと思っている仕事があり、それに向けてこれから転職したいと思っています。思い切ってチャレンジしたいけれど、できるか不安だし、なにより「好きなことだけして、十分にお金を得てやっていけるわけがない」という思い込みが強く出てきました。

手順❶＝肯定

まず、自分の内側から出てきたネガティブ感情すべてを、「そう思ってもいい！」と全肯定します。

「できるか不安だ」

「好きなことだけして、十分にお金を得てやっていけるわけがない」

という感情を、

↓

「別にそう思ってもいい！」

「ついそう思ってしまう自分もオッケー！」

こんな感じで、全肯定します。これは特に声に出す必要はないので、脳内で言ってあげます。

手順❷＝共感

自分が感じたネガティブ感情に共感してやり、すべて受容します。

次に、感情に対して「自分が自分に」共感して話しかけるように、自己内対話をします。

「そっかー、そんな感情があったんだね、いいよ、それを感じていても」

「そっか、転職するのが不安なんだね。やりたいことで十分お金をもらって生活するなんて難しい、って思ってるんだね」

こんなふうに、おうむ返しのように繰り返してあげるのもいいです。

私たちは、普段ちょっとしんどいな、と感じる出来事があったとき、仲のよい友達などに話を聞いてもらって「そっかぁ……しんどかったんだね」と共感してもらえるだけで、スウッと心が軽くなったりしますよね。その状態を自分の感情にも届けてあげるのです。自分で自分のネガティブ感情に、共感してあげるのです。

否定してしまうと、否定されたエネルギーは心の中に長く居座り続けて、いつまでも現実創造の邪魔をするように働いてしまいます。逆に、共感して認めてあげれば、ネガティブ感情は「わかってくれてありがとう。わかってくれたならいいんだよ」と、抵抗のパワーをゆるめていきます。

共感することによって癒やしが起こるのです。その後、ネガティブ感情はだんだん力を弱めて自然消滅していきます。終わってしまうのです。

不安や恐れが出ている間は出しっぱなしにする

「どうせできない……」という感情は、しばらく強く出続けると思います。どれくらい出続けるかは、人によって違います。また、対象とする内容への不安や恐れの程度によっても変わります。数時間かもしれませんし、数日かもしれません。

ただ、何週間も何ヶ月も、最初と同じ臨場感で不安や恐れが維持されることはありません。だから安心して、その感情が出ている間は、「できない」と思っている自分をそれでいいよ、とただ共感して眺めていてあげてください。感情は出しっぱなしで放置しておいてかまいません。

たとえ強いネガティブ感情であっても、時間の経過とともに、その強さは必ず少しずつ弱まっていきます(脳はそのようにできています)。なので、不安や怖れを強く感じている間は、少し苦しい時間が維持されるかもしれませんが、出たいだけ出してあげるのが一番いい方法です。解放されたいので、自ら出てくるからです。

ネガティブ感情が出てきたときは、無視せず、その感情をいつも優しく眺めてあげるようにしてみてください。「そりゃそうだよね、今怖いよねー、わかるわかる!」って自分の内側に向かって優しく声をかけてあげれば、もうそれだけでオッケーです。

手順❸=修正(決め直し・宣言)

ネガティブ感情が少し落ち着いてきたところで、望む願いのほうへ戻す。必ず「終わりよし!」の設定に。

実はこの手順❸が最重要項目です。❶❷の手順はぼんやり読み流しても、ここだけはしっかり目を開けて熟読してください！

だんだん時間が経つにつれ、しんどい感情も少しずつパワーをゆるめ始めます。たとえば、前日までは不安でたまらなかったことや、腹が立って仕方がなかったことでも、1日経つと少しだけ心が落ち着いていることってありませんか？

もちろん、負のマインドセットや不安が全部なくなってしまったわけではなく、まだ確かに自分の中に残ってはいるのですが、その段階くらいでもう、大丈夫です。このように感情が少し落ち着いたところで、次のように思考を修正していきます。ここからが重要ポイント！

「今、不安に思ってるんだね……自分はできないと思ってるんだね……。
でも、私はやっぱりこっち（願いが叶って転職する！　というほう）を選びます」

このように、しっかり宣言して決め直すのです！　これも脳内でやってくださってオッケーです。

一連の流れで、ここまでを復習してみましょう。

「転職したい、好きなことを仕事にしていきたい。でも、好きなことをして十分なお金をもらえるなんて絶対無理だろう」

（手順❶＝肯定）

「そんなふうに思ってしまっても大丈夫」

（手順❷＝共感）

「私は、好きなことではお金を稼げないと思ってるんだね。できないって思っちゃうんだね」

――出てくる感情は出てくるままに放置して眺めてあげる――

時間が経って、できない！　という感情が少し小さくなったら、

（手順❸＝修正）

「でも、私は好きなことを仕事にしてやっていきたいから、やっぱり転職します！　好きなことで十分なお金を稼ぎます！　それができる自分になります！」

と、思考を修正する。

こんな感じです。

ネガティブ感情を肯定、共感して思考修正しても、また少し時間が経つと、

「あー、でも大丈夫かなあ。決めてはみたけどやっぱ無理かもなあ……」

「あー、無理無理。ダメだ、またテンション下がる……」

と繰り返されることもあります。そういうときもやっぱり手順は一緒です！　時間が経ってまたネガティブ感情が出てきたら、

「やっぱり無理って思ってるんだね、そう思うんだね（肯定・共感）」

↓

「でも、やっぱりやりたいことで生きていく！（修正）」

これでＯＫです。

以後は、ネガティブ感情が強く出てきたときだけでいいので、この作業を繰り返していきます。すべて脳内でやればいいので、慣れれば短時間でできるようになります。

とにかく、「ネガティブ感情が出てきたときは肯定・共感↓必ず自分の願いを決め直す」を脳内習慣にしていくのです!

新しい習慣を作るつもりで繰り返す

思考を使って願いを叶えることとは、新しい習慣を作る、というところに鍵があります。ネガティブ感情に気持ちが引っ張られることは、別に困ったことではないのです。

そもそも人にはネガティブ感情もポジティブ感情もあります。人間のバイオリズムって、なんだかわからないけれど気持ちが下がって、すべてうまくいかないような気になる日もあったりするし、一日のうちでも、朝はテンションが高かったけれど、午後からは疲れたのか、何を考えてもダメな気がしてしまう、というような波がそもそもあるのです。

その感情の波を、いちいち「これはダメ！」と大げさに捉えていることのほうが問題で、ネガティブが出ても、叶えたい願いに決め直し続けておけば心配ないのです。脳内でやっていますから誰にもわかりませんし、そのための場所も必要ありません。

この脳内思考修正が習慣になってくると、ネガティブ感情が出てきても、「お！私のネガティブ出てきたねー！」と思えるくらい大らかに捉えることができるようになり、出来事を俯瞰できるようになります。

途中でネガティブ感情が強く出てきても、思考の最後が「自分の願い」にちゃんと戻っていれば大丈夫です。あなたがたった今送り出した最新の思考（これが思考の最後ということです）が、現実を創っていきます。脳が採用するのはこの思考の最終到達地点です。

なので、「**終わりよければすべてよし！**」というふうに捉えていてください。ネガティブを恐れる必要はないですが、ネガティブ感情が出てきたときに、きちんと「手順❸までやること」、これをやりきっているかどうかが問題です！

たいていの場合、ネガティブ感情を感じて、「ネガティブがあるんだねー、そうなんだー」だけで終わってしまっているのです。脳には「で、あなたは最後、何を選びたいの？」と聞かれているのに、「ネガティブあるんだー」で終わってしまうと、今度はその思考が基準になって、次の現実創造が起きてきてしまいます。

必ず最後の手順❸まで思考修正をやりきる。終わりは必ずよし！にする。絶対叶えたいと思う願いに戻しておく。その決意を脳に聞かせて宣言するのです。

マイナス思考の修正ワークはたったこれだけです。ネガティブ感情が強く出てきたとき、私はこれをずっとやってきました。今ではこの思考修正法がすっかり身についています。だからどんなネガティブ感情に襲われても、ブロックが出てきても、最後は必ず自分の叶えたい願いのほうへ気持ちを向け直すことができています。

ただし、一、二度やっただけでは身につきません。人の脳には、慣れ親しんだところにすぐ戻そうというホメオスタシスという働きがあるためです。ホメオスタシスが「昨日までのできない私」に戻そうとするので、ネガティブ感情が出てきたときに「肯定→共感→修正」を、あなたの中で新しい思考習慣として根づくまでやり続けることが大切です。新しい習慣を作るつもりでやってください。

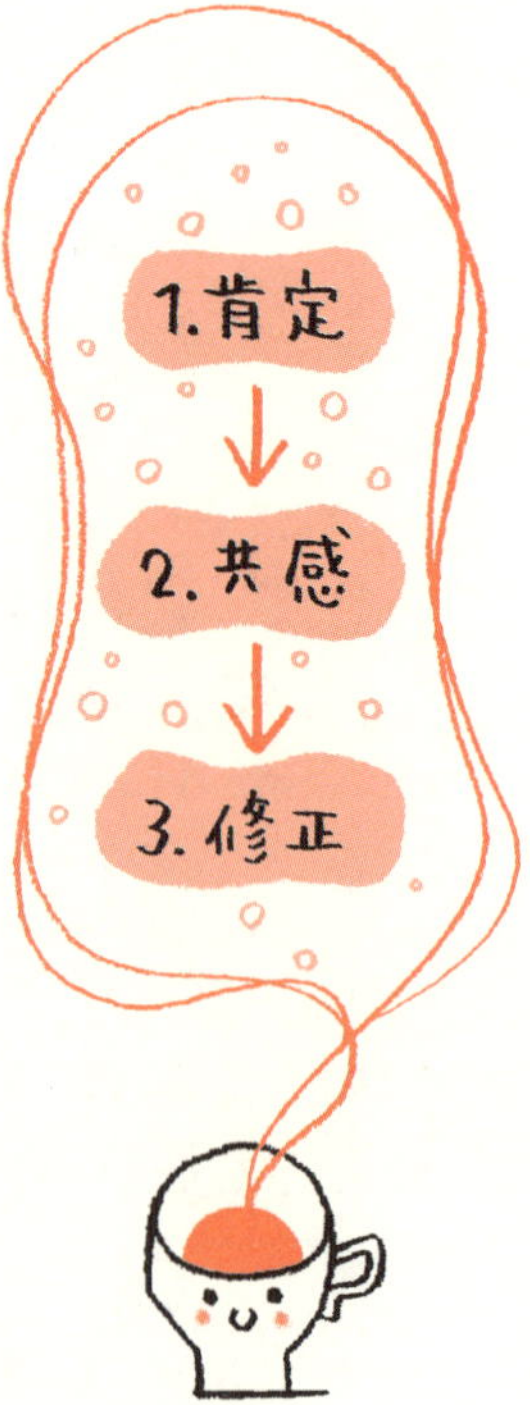

3 本気で決意すると行動したくなる

思考を切り替えたら、あとは得たい現実のほうを見続けるだけです。

願いを心から決意すると、必ず何か行動したくなります。それが自分の願いと直接関係あるかどうかはわかりません。全く関係ないことがしたくなることも多いのです。

ですが、イメージは「わらしべ長者」です。発端は叶えたい願いと直接関係がないことのようであっても、そのときそのとき、心からワクワクすることをやり続けていくと、結果的に願いを叶えることにだんだんつながっていくのです。

私の場合、

長年学んできたことを人に伝えよう、と決めた

ブログを始めたくなった
←
毎日書くのが楽しかったのでやり続けた（書かずにはおられなかった）
←
読んでくれる人がだんだん増えてきた
←
執筆関係の仕事の声がけを複数いただくことになった
←
専業のアドバイザーとして独立した

発端はただ書くのが楽しい！　と思ったから、タダでできるブログをやってみよう、とふと思いついたことです。それが巡り巡って今に至ります。まさにわらしべ長者のような感じです。小さなことから、全く因果関係がないような大きなことにつながっていく感じ。これが引き寄せの法則の面白いところだと思います。

だから、**本気で欲しいもの、得たいことを「これを得ます！」と決めた後は、あれこれ心配しなくても、心に湧いてくる小さなやりたいこと、その日その日、自分がこうしよう、と思うことをただ実行していけばいいのです。**

そうしているうちに、気づくとだんだんと夢に近づいているはずです。途中で「できないかも、やれないかも」などのマインドブロックが出てきたら、先ほど説明したワークで思考修正してやればいいだけです。それも、いつもでなくていいのです。内側からマイナス感情が湧いてきて困ったな、と感じたときだけ。

それ以外のときは、「自分の人生をただ毎日めいっぱい楽しむ」と決めて過ごしてください。

4 ネガティブ感情が出てきたときは思考習慣を変えるチャンス

引き寄せ実践の鍵は、思考習慣です。

私たちの思考によって現実が創造されているのですから、今実際に願いが思うように叶っていない状況があるとすれば、それは叶わない思考習慣がどこかに隠れているのかもしれない、ということなのですね。

そしてこの章で説明した、ネガティブ感情を認めて願いに修正するワークも、結局は「習慣」がキーワードになります。

ついやってしまいがちな思考の傾向を書き換えるということは、新しいクセ、習慣を作ってやるということです。これは**気づいたときに意識的にやり続けないと、根本から変わることはありません。**ホメオスタシスのおかげで人は生命を無事に維持していますが、新しい世界に行こうとするときは、これが抵抗としても働くからです。

これまでなかった新しい思考のクセを作っていくことは、習慣になって自動的にできるようになるまで、しばらくは意識的にやる必要があります。

そのうちに自動的に時間もかけずに修正ができるようになってきますから、ネガティブ感情が出てきたときこそ、練習できる！　と喜んでくださいね。チャンスなのです。

あなたがずっと持っていたネガティブ感情に対する不安、少し減らしていただけたでしょうか？　不安に対する不安を減らせたのなら、もうそれで大丈夫です。今度は日常生活で、どんどん引き寄せ実践を進めていきましょう！
Chapter 4〜5では、引き寄せ体質に変わる方法を〝行動〟と〝思考〟に分けて紹介していきます。引き寄せ攻略における大切なポイントに的《まと》を絞っていますので、楽しみながら試してみてくださいね。

Chapter

4

引き寄せ体質に変わる超実践法

行動編

Ⅰ 小さな選択こそ「一番欲しいもの」を選ぶ

引き寄せをするときに大切なことは、「自分が一番欲しいものを選ぶ」ってことです。

そんなの当たり前じゃないかー！　と言われそうですが、意外にこれができていなかったりするのです。

ついお得なものを選んでしまうのが思考のクセになっている人が多いのかもしれません。たとえばスーパーへ行き、本当はお肉が食べたかったけれど、魚が安かったからものすごく食べたいわけじゃないけど今日は魚にした、とか、一番着たい洋服ではないけれど、バーゲンで安くなっていたから買ってみた、というようなことが、普段の生活の中でけっこうあるのではないでしょうか。

もしこれが結婚相手の選択、となるとどうでしょう？　二番目を選ぶ、というわけにはいかないと思います。ですが、小さな選択を惰性でやることに慣れてしまっていると、人生の大きな選択においても本心で選ぶことができなかったり、「〜しないと困るからやる」という恐れの気持ちから選んでしまったりするのです。

思考実現の実践法として普段から意識しておく大切なことがあります。

それは、「**その瞬間その瞬間」の一番のワクワクを、自分に問いかけながら選んでいく**」ということです。

日々、生活する中で、私たちは小さな決断を常に行っています。人生は、生まれてから死ぬまでずっと選択の連続です。

・今日一日をどう過ごすか
・昼食に何を食べようか
・どのテレビ番組を観ようか

・どの本を買おうか
・どこに買い物に出かけようか

これらの小さな選択を「意識的に」やっていくことの積み重ねが、好きな仕事に転職するとか、大好きな人と結婚するとか、家を買うとか、お金の流れを作るとかの、現状を大きく変えることへの受け取り許可を作ってくれるのです。

コンビニでお菓子を買うとき、チョコにするかクッキーにするか、そんな些《さ》細《さい》なことでも、そのときそのときの一番のワクワクを選ぶようにしていくのです。

脳は現状から大きく変化することを嫌います。現状維持のほうが楽だからです。だから、ガツーン！　と新しい仕事に転職したければ、大好きな人と出会いたければ、大きな買い物をしたいなら、**小さな選択から練習して、好きなことを遠慮なく選ぶクセをつけていくことが大事なのです。**

ブログの読者の方から、「怖くて〝一番〟をなかなか選べません」というお声をよくいただきます。ワクワクするものを選べない、という人も多いのですね。だからこそ、小さな一番を選ぶことから始めてほしいと思います。チョコかクッキーかは、現状の生活を大きく変えるわけではありませんから、ちょっと意識すればできることですよね。

どんなことも、自分の体が感覚を覚えて馴染んでしまえば、三次元に物理化させることは難しくなくなります。まず、願いが叶ったイメージを持っておくこと。そして、実体験は体でしかできないので、体で試すこと。両方をうまく使うことが、引き寄せの近道なのです。

2 ハワイに行きたいなら沖縄に行ってはいけない

一番の願いを選ぶことについて続きます。

願いごとのハードルを低くすると叶うような気がしてしまうのも、思い込みです。普段からこれくらいでいいか、と折り合いをつけながら、自分の一番の願いを隠して二番目で妥協してしまっている人はいませんか？

なぜハードルを低くするのかというと、手に入れられなかったときに傷つくのが怖かったり、失敗したくないから。そしてそれを他者に知られるのが嫌だからだったりします。

毎日それなりに過ごせているんだけど、いまいち生きる力を感じられない、なんだかスッキリしないというときは、自分の願いに妥協していることが多いのです。

自分で妥協を選んでいることに気づかず、
「できないのは△△があるせい」
「○○さんのせい」
と、自分以外に原因を持っていっていませんか？　そうすることで自分が少し楽になろうとしてはいませんか？

私たちが持つべき勇気というのは、「欲しいものを『欲しい！』とはっきり宣言して、それを得るまで妥協しないこと」です。

りんごが食べたいと思ったら、バナナを食べてはいけないのです。ハワイに行きたいと思ったら、沖縄に行ってはダメなのです。

近いけれど非なるもの、でごまかさず、妥協しないで堂々と願い続けて受け取る。この勇気を持つことも、引き寄せにはとても大切なマインドです。

あなたが、「〜だから」とか「〜のせいで」と言わなくなったとき、現実化は一気に加速します。

3 イメージングは五感をフル活用する

願いが叶った自分を先にイメージしておくことは、とてもいい引き寄せ実践です。

イメージというと、どうしても「視覚」といった印象がありますが、実は視覚だけにとらわれないほうがいいのです。

イメージは五感をふんだんに使う！

これを覚えておいてください。


せっかくイメージングを使って引き寄せを楽しむのであれば、効果がある方法を実践しなくては意味がありません。叶った私の「絵面《えづら》」を脳内で一生懸命思い描くだけでは弱いのです。

そうではなくて、願いが叶った自分の姿を五感すべてを使って感じるのです。たとえば彼と結婚して、ずっと幸せに暮らしたいと思っている人であれば、結婚式場でウエディングドレスを着た自分の手に、シルクやオーガンジーのドレスのふわふわ感が触れる感覚とか、教会で指輪をやりとりした指の感覚まで感じ切る、ということです。

食べ物を例にするとわかりやすいです。私はコーヒーが大好きなのですが、コーヒーを飲むところをイメージすると、口に広がる苦みとか、香ばしい香りが鼻から入ってくる感じとか、カップを持ったときの温かい感触とか、そういうものが感じられます。

飲んでいる自分の映像を思い浮かべるだけではなくて、飲んだときに五感で何を感じるかということ、そして、コーヒーを飲むことで幸福感に満たされる自分の心の感覚もしっかり味わうようにしてみてください。

視覚的には、自分の視界（目玉からの景色）でイメージするのが大切です。脳はイ

リアル感の低いイメージ ×

五感を使ったイメージ ○

メージと現実の区別をつけにくいところがありますので、イメージ自体がリアルであればあるほど、どっちが本当の現実か、わからなくなります。**自分が欲しいと思っているもののイメージが強く感情に響けば、そちらのほうの現実化が進みます。**

普段の生活の中では、自分の顔や姿が自分の目から見えているのは、鏡に映っているときくらいのはずです。なのに、イメージングをするときは、「ある空間の中で、何かをしている自分の姿を、別の自分が見ている」というようなイメージをする方が多いようです。自分がもう一人いて、自分が何かする姿を見ている。これだと、実生活と比べてリアル感が低くなってしまいます。

好きな人の隣に乗ってドライブしているときは、彼の横顔だけが見えているはずです。これは、五感をフル活用することと同時に押さえておいてほしい部分です。

4 紙に書くなら、自分にしっくりくる表現で

私は望みを引き寄せるのに、ずっと「願いを紙に書き出す」という方法を使っています。メインで実践しているのはこれだけ、と言ってもいいかもしれません。でも、とても簡単な方法なのでおすすめです。

そして、紙に書いたことって、本当によく叶うんです。これにはもちろん、理由があります。

書くことは、指先だけでなく、目で文字を見て、文章を読んで（脳内でやるにしても声にしてますね）といろんなルートで脳に情報を伝える作業です。こういったことも理由のひとつですが、何より、あなたの「叶える！」という意識が文字に乗っていくことが一番の理由です。

どんな紙に書くかは重要ではありません。あなたが普段愛用している手帳でもいいし、コピー用紙だっていいし、チラシの裏でもいいのです。それよりも自分がワクワク楽しんで、**あなたの書いた文字にワクワクした波動（「叶えるぞ〜！」という自分の意識ですね）を乗せるつもりで書くことのほうが大事なことです。**

手帳に書きたい人は、だからこそ、「自分のお気に入りの手帳を使うとワクワクして楽しみが倍増するから余計効果が高い！」というふうに捉えるといいです。

願いを書いた後は、Chapter 1で説明した通り、放っておきます。ワクワクの感覚から、手帳を見直したいなーと思うときは、もちろん見たらいいです。

私は願いを手帳に書いた後、しばらくの期間放置していて、あるときふと、スケジュールを確認するついでに見てみたら、「あれ、これもう叶ってるわ！」と気づくことが多々あります。設定した日から、ちょっと時間がかかって叶うこともあります。

でも、宇宙の采配のもと、起こることはすべてベストなタイミングでやってきますので、やってきた時期が最良です。これは間違いありませんので、いつ叶うか、は気にしないで大丈夫です。

書くときは、「自分の心の抵抗が少なく、しっくりくる表現を選ぶ」のが願いを叶える早道です。願いが叶うのを妨げるのは、すべてあなたの心の抵抗だからです。

たとえば、新月のお願いごとを書くときなどは、語尾を「〜が来ました、ありがとうございます」と書くように言われています。これはとってもいい方法です。ですが、この書き方で紙に記したときに、「来ました、って書いたけど、まだ来てない！」というところに強くフォーカスしやすくて、どうしてもそれが気になって逆にモヤモヤする、という人も多いようです。そういう方は、「〜する」「〜になる」という決意形で書くことをおすすめします。

先に書いたように、文字で視覚化することによって願いにしっかり自分の意識を乗せる、というイメージで書いてみてください。

いずれにしても、書いたときに、自分がしっくりするほう、抵抗が少ないほう、なんとなくいいかなと心が感じるほうを選ぶ。ここは人によってポイントが違いますから、自分流で選んでオッケーです！

5 「どんなふうに叶うか」まで書くと効果がアップする

次に、書いて引き寄せるときの書き方の注意点です。あなたの願いを文字にしていくとき、「どんな言葉を使って願いを表現するか」ということ。これがまた、大事なのです！

文は長くても短くてもどちらでもいいのですが、自分で簡単に覚えられるくらいの長さがおすすめです。たとえばこんな感じです。

↓

・**素敵な**パートナーと出会って結婚し、**一生心満たされた**生活を送る
・〇〇のことを**円満に**解決する
・**できるだけ早く**〇〇を手に入れる

- **簡単に**お金のエネルギーを循環させる
- **ラクラク**月収１００万円
- **周囲が驚くぐらい**、いつも若々しい自分になる！
- **必要なサポートを受けて、余裕で**○○の仕事を終わらせる！

こんなふうに、思いついたときに、手帳のあちこちにメモのように書くのでもいいのです。書いているときの自分の意識がどうなのかが一番大事なので、どんな手帳かとか、どこに書くかよりも、叶える！　というワクワクの意識をしっかり文字に乗せてくださいね。

文にするときに知っておいてほしいポイントは、**願いごとの文章を、形容詞や副詞などで少し装飾してあげる**ということです。そうすると、その文のパワーはグーンとアップします。

たとえば、最後の例文を見てみましょう。ただ単に「○○の仕事を終わらせる！」

ではなくて、「必要なサポートを受けて」「余裕で」という言葉が足してあります。あなたにとって仕事がちゃんと終わることは大前提。でも一人で頑張りすぎたくない。だとしたら、自分にとって必要なサポートが遠慮なく得られて、安心して、余裕で終わらせていく、というような意味の文にしてあげると、そのようなプロセスがちゃんと起きてくるんです。

ただし、どんなサポートが来るかという部分は、引き寄せの法則においては考えなくてよいです。お任せでいいってことですね。

このように、「容易に」とか「楽しく」といった状態や感情を表す言葉を足したり、「きれいな」とか「理想の」といった言葉を一緒に使うと、書いていて臨場感がアップしてとてもワクワクしてきますので、それだけで波動エネルギーが強くなります。

6 「願いが叶った状態の波動」を先に体験する

「願いが叶った波動で生きる」とは、「叶っている周波数に合わせている状態でいる」とも言われますが、こういったことを続けていくうちに脳はどちらがリアルなのか区別がつかなくなり、臨場感の強い状態が勝って引き寄せが叶う、という流れが起きてきます。

だから叶った状態の波動を練習するには、身体に覚えさせてやる実践がとてもいいのです。まさに身を以《もっ》て知る、です。

体が覚えたことは感情を動かしていくので、潜在意識に入りやすいです。ただ、これも**一気に無理をしないことがポイントです。**

私は、お金のエネルギーを上げたいなと思ったら、高級ホテルのラウンジで時々お茶をしたりするのですが、一杯1000円くらいするコーヒーって、私にとっては全く日常的ではありません。でも時々自分に許可してあげるのです。素敵な空間で優雅にコーヒーをいただく時間を持つことで、「本当にその状態を手に入れた私」を、一定の時間ではありますが、体験しています。

不思議なことに、最初はお尻がモゾモゾするような居心地の悪い空間でも、数時間過ごしていると馴染んできている自分に気づきます。その空間でコーヒーを飲んでいる状態にもあまり違和感がなくなってきます。

これが脳が慣れていく、ということで、こういった体験を時々でいいので実際に体に教えてあげると、その波動になった感覚が刷り込まれていきます。理屈での理解とは違うので、パワーがあります。

時々でいいのですが、これを定期的にやっているうちに、その状態を得た自分の姿が当たり前になってきます。違和感がなくなってくるのです。

体で体験したことは、後戻りしません。少しのステップでいいので、生活の中にいつもよりステップアップした現実を作ってみてください。

7 小さな引き寄せは3回喜び直す

潜在意識に「引き寄せができる私」を刷り込む方法です。
今あなたが一番叶えたい願いが、素敵なパートナーと結婚して幸せに暮らすことであっても、起業して成功することであっても、日々の小さな引き寄せ体験は軽く流さないでくださいね。

たとえば、今日はケーキが食べたいな、と思っていたら家族が買って帰ってきたり、職場でいただきものをした、というようなちょっと嬉しい引き寄せが起こった場合。こういった引き寄せは「まぐれ」でも「たまたま」でもありません！　そんなふうに捉えてしまったら、とってももったいない！

こういった小さな引き寄せが成功したら、喜ぶのは1回だけでなく、最低3回は喜んでください。「私は今日こんな引き寄せができた！ 嬉しい！ 私ってすごい！」と、心の中でここぞとばかりに何度も繰り返すのです。

繰り返すことによって、「私は引き寄せができるんだ！」というデータが、ガッツリ潜在意識に入っていきます。「引き寄せができる私！」のイメージを刷り込んでいくのです。

自分を褒めると引き寄せ力が高まる

みなさんは、自分のことを褒めたことがありますか？

私はほとんどなかったです（というか、ゼロみたいな人生でした）。でも最近はようやく、私ってまあ、いいじゃない、くらいには思えることが増えました。否定感が出ても、それすらいいよね、って言ってあげることを繰り返していたら、本当に変わってきたのです。

自分が自分に「すごいね！」と言ってやることって、とても大切なのです。誰かに言ってもらうのを待つのではなく、日々、「自分が自分に」言ってあげるのです。

引き寄せができたことがあったら、「すごーい！」と3回繰り返す。そして「すごい私」を潜在意識に刷り込んでいく。自己肯定感が高まったり、セルフイメージが上がるという効果もあります。

引き寄せ力を高めるのにいい方法ですので、ぜひ習慣にしてください。

どんな小さな機会もうまく利用していくこと、これが引き寄せの達人への道なのです！

8　「宇宙に質問!」を習慣にする

心に何か疑問が生じたとき、この答えは何だろう、と問いかけたくなることがあると思います。

私は「宇宙に質問!」というのを習慣にしています。ここでいう宇宙とは潜在意識であり、スピリチュアルの世界でいうとハイヤーセルフという感じになるのですが、いずれにせよ自分で自分に尋ねる、ということです。

潜在意識はすべての答えを知っている、と言いますね。ということは、答えはすべて自分の中にある、とも言えます。「えー、本当?!」と言いたくなるかもしれませんが、本当です。

でも、潜在意識に何が入っているかなんてわからない。だからこそ、聞きたいことは、しっかり自分に聞いてみるんですね。

私は、質問する感じで問いかけています。たとえば、同じことが何度も起こるけれど、どうしてなのかわからないとき。「何度も起きるけど、これはどういうことか教えて?」と聞いてみます。

聞き方は自由です。「～の答えは何?」と聞いたり、「～について必要なメッセージをちょうだいね」とリクエストしたり。私は、「私がわかるようにはっきりと教えてね!」という言葉を加えたりもします。潜在意識にリクエストするのです。

引き寄せをやりだすと、直感もよく働くようになり、内側がだんだんクリアになってくるのでメッセージも受け取りやすくなります。これを習慣にしていくと、あ、これか! とだんだんわかるようになります。


これを実践する際のポイントがもうひとつあります。

もし仮に、これがメッセージなのかな? とわかりづらいときでも、**いいなと感じたことは「これは私が質問したことの答えだ!」と決めてしまうということです。**

決めたらそうなっていきます。

メッセージは人の口を介してだったり、直感で思いが湧いたり、テレビや本から入ってきたり、現実が動くことだったり、いろんな形でやってきます。ぜひ「宇宙に質問！」を習慣にしてみてください。

9　リラックスすればメッセージを受け取りやすくなる

宇宙に放った質問の答えや、そのとき自分に必要なメッセージを受け取るのに大切なポイントは、「リラックスしていること」です。

これは自分の体にも関係しています。そもそも心と体は連動しています。心がリラックスしていないと体にも不必要な力が入っていることが多いのです。心も体もギュッと固くなっているのですね。固いところに何かが入っていくのは難しい、というのはイメージとしてつかみやすいかと思います。

本当は誰が問いかけをしても、宇宙は必ず分け隔てなく返事をしてくれているのですが、それに気がつかないのは、このようにリラックスできていないときなのです。

引き寄せを実践する際に瞑想を行うといいと言われますが、それは心と体を解放して、力を抜いてやることが大切だからです。その状態になれば自然と必要なメッセージをどんどん受け取ることができ、また自分の直感もよく働くようになるので、「あ、これかな？」という気づきが起こりやすくなるのですね。

リラックスしている状態とは、たとえば、自分の部屋でコーヒーを飲みながらホッと一息ついているような時間、お風呂に入っている時間、眠る前にベッドの中でぼーっとしている時間などです。本当に些細なことでいいので、普段から自分が楽になれる時間を作り出してあげることが大切なのです。

ぜひ、自分に合ったリラックス法を見つけてみましょう。

10 質問の答えが来るタイミングはいつ？

宇宙に「〜について教えて！」と質問を投げた後、答えやヒントのメッセージが来るタイミングは、自分がそのことについて、「あれこれ思考していないとき」です。

質問してから、いつ来るかな、ああかな、こうかな、と思考を構いすぎる必要は全くありません。**宇宙さんは、あなたが一番わかりやすいであろうタイミングをちゃんと選んでメッセージを送ってくれます。なので、そのタイミングが来るまで放っておいたらいいのです。**

こういう状況で伝えるとあなたにとって一番わかりやすいな、という物理的状況が起きてくるときを見計らって教えてくれるので、何かの問いを放ったあとは、そのことについて考えるのはいったんやめて、あなたがそのときしたいことをして、少しでもリラックスして過ごしていてください。

心と体に力が入っていると直感が働きづらくなり、来ているメッセージに気づきづらくなってしまうので、やっぱりリラックスが大切です。

11 メッセージの受け取り方をカスタマイズする

メッセージを受け取る方法のひとつとして、数字を自分流に使う方法も紹介します。

数字にはパワーがあり、メッセージもたくさん隠れています。普段からゾロ目を見たときに、シンクロだ！　とワクワクしたり、その意味を調べたりする方も多いのではないでしょうか？

まず自分が一番好きな数字を選びます。自分や好きな人の誕生日だったり、ゾロ目だったり、なんでもいいです。大好きなナンバーをひとつ決めてください。これを「マイナンバー」とします。

そして、たとえば、宇宙への質問の答えをオッケーのサインとしてイエスか、または違うよのサインでノーかで聞きたいときは、問いかけをした後で、自分が設定したマイナンバーを見たらオッケー（イエス）のサイン、と決めておくのです。

ちなみに私は昔から「7」という数字が大好きで、オッケーのサインは「7」と決めています。なので、何かにチャレンジしたくて、「後押しや勇気をちょうだい！」というときや、「これやってもオッケーだったら教えて！」という問いかけをしたときに、「7」「77」「777」と7を見たらどれでもオッケーのサインと決めています。

それはもうGOだよー！　というときは、これでもか！　というくらい7を見ます。以前車に乗っていて、私の前と後ろ、横に来た車のナンバープレートがすべて7777だったということがあります。

絶対大丈夫だから！　というときは、本当にベストタイミングでこの数字がじゃんじゃんやってきます。マイナンバーを決めてメッセージを受け取る方法は、普段から活用できるのでおすすめです。

12 瞑想・呼吸法で本来の自分とつながる

お伝えしているように、リラックスして脱力した状態で過ごしているときに直感が研ぎ澄まされて、自分が宇宙へ放った問いかけの答えがひらめいたり、周囲で見たり聞いたりすることからメッセージを感じ、受け取りやすくなります。

でも忙しく生活する日々の中、なかなかいつも脱力できるわけにはいかないので、私は一日の終わりに、もしくは日中でも気づいたときに、呼吸を整える、ということだけで瞑想的な効果を得ています。

私がしているのは「片鼻呼吸」と言われるものです。これは、ヨガでよくやる呼吸法なのですが、片方の鼻の穴を押さえてもう片方から深く息を吸い、いったん止めて、その後反対の鼻の穴を押さえて息を大きく吐き出すというものです。これを深く、ゆーっくり繰り返すのですが、息を吐くときには、要らないものが自分の中から出ていくイメージが自然と湧いてきます。

呼吸を意識する、というのは引き寄せでも大事な概念です。大きく吸ったら必ず大きく吐き出さないと、呼吸は成り立ちませんよね。どちらかだけ浅い、ということはできないのですが、この理屈がまるで引き寄せ的なのです。

お金の引き寄せでも、大きく出したら大きく入ると言います。後で説明しますが、お金のエネルギーの流れもそのほかのことも、この呼吸バランスと同じなのです。

リラックスできると「本来の自分」とつながりやすくなります。必ずしもがっつりした瞑想である必要はなく、だいたい毎日続けられたり、そのための時間をしっかり取らなくてもいつでもできるような方法をひとつ知っておくと便利だと思います。

私はこの呼吸法を昼間も活用しています。体が疲れてパワーダウンしてきたな、と感じたときは姿勢を整えて、しっかり呼吸に意識を向けて深く吸って、深く吐く、ということをしばらく繰り返してみます（鼻を押さえなくてもいいですよ）。これなら仕事中でもできますしね。

宇宙のエネルギーは呼吸のようなバランスでできているのかな、なんて感じながらしています。たったこれだけのことですが、エネルギー調整ができるのがわかります。

1～2回やったけど続かなかった、というのが一番もったいなく、効果も出ないので、どんなことも自分が取り組みやすくて無理なく続けられるものを見つけたり、自分なりのスタイルを作ることが大事です。

13 すべてのワークは義務でしない

この章ではいろいろな引き寄せ実践をお伝えしていますが、すべてのことを義務にしてしまわないことが大切です。

もちろん、ワクワクと楽しんで過ごしていれば波動も上がり、心地よいと感じられることがたくさん引き寄せられてくるようにはなってきます。願いを叶えるためにワークやメソッドなどのテクニックをいろいろと活用することも多いと思います。

ですが、ワークを毎日やらないといけないとか、今日はやってないからどうしよう、と思ってしまうことはかえって逆効果となってしまいます。

たとえば、Chapter 3で紹介したネガティブ感情とうまく付き合う3ステップのワークも、自分の内側からマイナス感情が強く出てきたときにだけしっかり見つめてあげて、その後自分がどうしたいかということに思考修正すればいいのであって、毎日毎日これに取り組む必要はありません。

私たちが一番しなければならないことは、毎日を楽しんで過ごすこと。

ただこれだけであって、引き寄せのためにやらないといけない義務なんてひとつもありません。

瞑想や呼吸法もそうです。習慣になるほど楽しめたらもちろんそれは素晴らしいのですが、「続かない」と悩む方もいらっしゃるようです。でも悩む必要はなく、やりたいときだけやればいいのです。

やらなくちゃ、という義務感はギュッと収縮するエネルギーを出してしまいます。

本当は日々ただ楽しんでいること、楽しいことを考えてさえいればいいので、ワークもしたいときだけ、でかまいません。

14 自分だけのパワースポットを作る

国内では伊勢や出雲、海外ではハワイやセドナなどが有名なパワースポット。でも出かけていくにはちょっと遠かったりしますから、日常的に直接そのエネルギーに触れるのは不可能です。

場にはエネルギーがあります。ですので、有名なパワースポットには確かに強いエネルギーが流れていて運気アップにいいのですが、身近に自分だけのパワースポットがあれば、いつでもパワーチャージできますよね。

その空間にいるだけでホッとして落ち着き、呼吸が整う場所。
自然にリラックスできる場所。

こうした空間にいるだけで、あなたの波動はグーンとアップします。

こんな場所を見つけたり、自分で作ってしまいましょう。好きなカフェや、リラックスして過ごせる心地よい空間。そこにいるだけで力を抜いてゆっくり過ごせるような場所。何度も言いますが、私たちはリラックスしているときが、一番宇宙から情報を受け取れるのです。

ちなみに私のパワースポットはなんと、自分の家！　です。厳密に言うとリビングが大好きです。この空間でブログや本も書きます。

私はあまり物を持たないのが好きなので、リビングの一角にデスクを置いて、愛用のＭａｃと、あとはいつも読めるように大好きな本だけ厳選して手元に置いています。コーヒーを入れてＭａｃに向かっているときは、たとえ仕事をしていても、ゆったりと心地よい感覚があります。

こんな空間、自分だけのパワースポットには伊勢や出雲と同じくらいの力がありま す。有名なスポットに行くのも楽しいですが、自分の生活空間や身近な場所にパワースポットがあるのも楽しいものです。

人が楽しんで集う場所も、パワースポットと呼ぶことができます。たとえば結婚式の会場とか、春夏に高校野球で盛り上がっている甲子園球場などもそうですね。人がワクワク熱い思いを持って集う場所、温かい感謝の波動で包まれる場所はすべてパワースポットと言えます。

気のいい場所に行ったときは、大いにその空間のエネルギーをもらう！　と決めて、遠慮なくいただいてきてくださいね。**自分が行きたいな～と感じる場所は、自分と縁がある場所なのです。ご縁があるから行きたくなるのです。**

もう一度行きたいな、と思うだけで、さらに自分のパワーが上がるのですよ。

15 エネルギーは自分から先に出す

得ると決めたものが来ない。

こんなふうに感じるときは、自分のほうが先に出す、自分から与える、ということをしているかな、と振り返ってみてください。自分がしてほしいことがあったら相手にしてあげる。自分がしてもらうより先に、です。

引き寄せの法則では、**自分が与えたものが、受け取るものです。**

「私はこうしてほしい！　あれが欲しい、これがこうなってほしい！　でも来ない。なぜ？」

↓

「今、もしかして私は〝受け取りたいだけ100パーセント〟になってないかな？」

「お金のエネルギーが欲しい！」

←

「自分が喜ぶこと、大切な人が喜ぶことに先にお金を出しているかな？」

「彼にこうしてほしい！」

←

「自分がしてほしいこと、先に彼にしてあげてるかな？」

というふうに。

エネルギーは、循環する性質のものです。だから「受け取りたい」ばかりに偏ると、流れが滞《とどこお》ります。

エネルギーは先に出す、が鉄則。お金も、楽しくワクワクすることに喜んで出してみましょう（何に出すかは大切なので、ただ浪費をするということではありませんよ）。

そうしたら喜んで出した分だけ、あるいはそれ以上に、また別のどこかから入ってくるのです。


まずは出す勇気をちょっとだけ持ってみる。出すときには喜んで出せるものに出す。

宇宙はそもそも「スキマ」が嫌いです。何かを手放してポカッとスキマができたら、そこにまた何か新しい別のものをプレゼントして埋めたくなるので、出したスキマに何が入ってくるかは期待せず、ワクワクと楽しみにお任せしておいてください。

実例

お金を使うとき、「誰かの喜びにつながっている」と考えたら、いろいろな物をもらうようになりました！

「出したら入ってこないかも、と思ってしまうくらいお金のブロックが強いんです」

そうおっしゃっていたKさん。オシャレを楽しみたいけれど、高いものを買ったらもったいない、とか、お金を使って減ったら後でものすごく困る！　という、**減ること＝マイナス方向にばかり目が向いてしまう**、とのことでした。

お金は喜んで使うことが一番望ましいのですが、出したら減るという部分に強くフォーカスしていると、心から喜ぶなんて絶対できっこない！　と思ってしまいがちです。Kさんもその一人でした。

なので私は、「これからは、物を買ってお金を支払うときに、誰かの喜びにつながる！　と考えてみましょう」と提案しました。出ていくお金をなかなか喜んで送り出せないタイプの人でも、自分がお金を出すことで、誰か（お店や、そこで働いている人、商品を作った人など）が喜ぶことにつながっているんだ、というふうに捉えると、いいことをしたように感じ、いい気分になりやすいのです。

だって、人の役に立って嬉しくない人っていませんよね？　だからこれはいい気分につながっています。こういう心の働きを利用するのも、上手な思考修正法なのです。

Kさんは思考を変えることによって、自分の好きなものや好きなことにお金を使うことに対しての罪悪感のようなものが減ってきているそうです。無理のない範囲で、自分に許可して好きな物を買うということをするうち、Kさんはよく物をもらうようになったそうです。

「現金は来ないですが、物はよく来ます」とおっしゃるKさん。

実は、**物が来るのはお金が来るのと同じなのです。**お金に変わる物、お金が変化した形の物、お金になるであろう情報、このようにあらゆる形になってお金のエネルギーは循環するので、「お金はコスプレする」と思っておいてくださいね。

お金といえば現金だけ、というのも思い込みです。Kさんは、これには目からウロコでした！　とのことで、最近は、自分が人の喜びにつながる意識でお金を送り出したら、どんな衣装を着て帰ってきてくれるのだろう、とワクワクして楽しんで待っているそうです。

Chapter

5

引き寄せ体質に変わる超実践法

思考編

I「何が起きても最後はうまくいく！」と決めてしまう

望まない現実を見てしまったときや、願っていたことが設定通りに動かず、途中で あれ？ という流れに乗っているようなときの思考の使い方を紹介します。

こういうときの思考の使い方とは、何が起きても、「すべてのことは次のよきことにつながっていく」と決めておく、です。

まず、すでに起きたこと（目の前の現実）はすでに過去ですね。もし設定したことが叶わなかったとか、予想していなかった心地よくない現実を見てしまったとしても、

「もっといいことが、もっと素敵な引き寄せになってやってくるからだ」

「もっと嬉しいことがやってくるから、これはこれでベストなのだ」

と決めてしまうのです。

そう決めて意識を宇宙に放ったら、そのように物理次元が開いていきます。

たとえば、こんな感じです。
・自分が好きだった人に彼女ができた↓ 私にはもっと素敵な彼ができるからだ
・100万円の宝くじに外れた↓ 次に1億円当たるから今回は外れたんだ
・買おうと思っていた洋服が完売していた↓ もっと私に似合う洋服に出会うからだ
起きた結果そのものに執着するのはやめましょう。

引き寄せの法則では、決意のパワーが心の抵抗に勝れば、自分が決めた通りに願いが叶っていくのです。

もし願い通りにならなかったときでも、「なぜならなかったのか?」と分析する方向へ意識を使うことはせず、やっぱり「自分が最終的にどうありたいか」の姿を設定し続けます。願い通りにいっていないことも、今が最終地点なのではなく、あくまでまだ途中、プロセスの段階だからです。次は今起きた現実より、もっとよくなると決めてしまうのです。

起きたことはもう過去なので、分析しても事実自体は変わりません。だからこそやるべきことは、やっぱり思考修正のほうなのです。

「起きたことはベスト」

もしくは、

「このことは、これよりもっといい形の引き寄せにつながるんだ」

と思考を修正しましょう。これは超おすすめです。

2　パターン化した思考を変える

誰かの「願いが叶いました！」の声を聞いたときは、次はあなたの番！　ということです。あなたにも足音を立てて近づいてきてるよ～っていうサインです。

「そう簡単には思えないです……」という方もいらっしゃるかもしれません。私も以前はそうでした。あの人はいいなー、でも私にはなかなか来ないなーと思ったりして、私はきっと引き寄せがうまくできていないんだと、自己否定をすることが多かったのです。

でも、だからこそあえて、思考修正を練習していきました。

転職が決まったよ！　とか、お金が入ってきた！　とか、そういう話を身近で聞いたときこそ、本当は絶好の練習のチャンスなんです。

「自分には来ない」という思考をいつまでも使うのか、それとも、「そっか、そういう情報をキャッチしたってことは私も近いんだ！」という思考をいよいよ、使い始めるのか。ここでその後の未来は、大きく分かれていきます。

変わらない現実を変えようと思ったら、ずっと使い続けているパターン化した思考をどこかで入れ替えないといけません。思考（内側）を変えないと、現実（外側）は絶対変わらないのです。

だから、自分を否定したくなったときこそ練習していくのです。

チャンスはいつでもどこにでもあります。いつから始めるか、願いが叶うか叶わないかは、あなた次第なのです。

3 「私はこんな人間」という思考を手放す

自分のことをこうだ、と特定してしまわない。このことは、引き寄せを実践するうえで意識しておいたほうがいい部分です。

私たちは、自分に対して「こんな人間だ」というセルフイメージを必ず持っています。でも「自分自身」という設定に対して、もっと軽やかな気持ちでいてくださいね。自分の名前で呼ばれなくてもいいや、何者でもいいやっていうくらいの軽さがあってもいいのですよ！

引き寄せを実践するようになり、物事のいいところを少しずつ見られるようになったり、自分を必要以上に否定しなくなってくると、自分の中に満ち足りた感覚が増えてきます。

そうして過ごしていると、ある日、昨日までと違って、あることが突然「好きになったり」、突然「できるようになったり」、突然「事態が好転したり」ということが起こってくるのです。

そんなときって、「自分はこうだ」という思い込みを手放して、自分自身を特定していないときなのです。昨日までの私はこうだから次はこう、私ってこんな人だからこうなってしまう、という考えがないのです。

自分を決めつけていないからこそ、次の瞬間どんな自分にもなれている。これは、現状をベースにして引き寄せ設定をしない、ということにも通じます。

次に起こってくることは、今見ている現状と本当は因果関係がない、というのが物理法則でしたね。同じように、あなたがこれまでの人生で強く握ってきた「私ってこんな人間です」という思考を手放すとき、ようやくポーンと次の次元へジャンプできるのです。

4 お金のテンションは「毎日が給料日！」で上げておく

この言葉は、私のイベントに来てくださったクライアントのKさんからいただきました。

お金のエネルギーをずっと循環させる設定について話していたのですが、量子力学の「こうなる！　こうする！　と先に決めておく」という話で、Kさんが「MACOさん、毎日が給料日！　って決めたらどうでしょう」と言ってくださいました。なんと響きのいい言葉なのでしょう（笑）。

Chapter 4で、願いを紙に書くことについて書きましたが、自分の心にしっくりくる表現や、書いていて楽しくてワクワクする表現を選ぶのが一番大切で、紙に書くときはこうしましょう、書き方はこうです、というのは一切ないんですね。

だから、**言葉にしたとき、「うわーそれ楽しい！　テンションが上がる！」と感じるものを選ぶのが一番効果が高いのです。**テンションが上がるツボは人によって違うので、やっぱり自分の心の感覚が大切なんですね。

私自身は、この「毎日が給料日！」という言葉、簡潔でゴロもいいので、とても気に入っています。毎日が給料日なら、ずっとエネルギーが循環し続けている感じも得られますしね。

この言葉を教えてくださったKさんに大感謝です。ピンと来た方は、ぜひ手帳に書き加えてみてください！

5 一日の終わりは感謝の気持ちに立ち戻る

私は一日の終わり、布団に入ったときに、「今日を無事に過ごせてありがとうございました」と宇宙に感謝してから寝ることが多いです。「小さな感謝を忘れない体質」でいるようにするためです。

人の脳は、最初は緊張感があっても、同じ状況をずっと維持すると、だんだん「慣れ」を起こします。本当はありがたいことであっても、それがあるのがまるで当たり前、みたいな感覚になってくるのです。

私は昔、その典型のようなタイプで、してもらうのが当たり前、という感謝のないところがありました。与えるよりは絶対的に「クレクレ星人」でした。

さすがに今はそんなことはなくなりましたが、それでも感謝の気持ちにいつでも気づける自分でいられるように、一日の終わりに「感謝の気持ちに立ち戻る時間」を作っています。特別なことはしていませんが、「今日一日楽しく過ごせてありがとうございます」と言ったり、仕事などで誰かが手伝ってくれた日は、その人を思い浮かべて「ありがとう」と言ったりしてから寝ます。

引き寄せと感謝のエネルギーは、切っても切れない関係にあります。

何かが起こったから感謝の気持ちが湧くのではなく、感謝は先に気づくもの、です。

全く同じことの繰り返しのように感じる日常にも、ひょっとしたら、とってもありがたいことがたくさんあるかもしれない。

ひょっとしたら、とっても楽しいことがたくさんあるかもしれない。

ひょっとしたら、これは当たり前ではないかもしれない。

ひょっとしたら、思っている以上に私は周囲の人に支えられているかもしれない。

こんなふうに物事を見ていると、いろいろな「気づき」につながっていきます。気づくと今度は、それがあるということへの「感謝」が生まれます。

慣れすぎて鈍感になった脳のパターンに刺激を与えるべく、ひょっとしたら？　という問いかけを使っているのです。

見方のバリエーションが増えるほど、人生は豊かでありがたいものであふれていきます。

幸せを引き寄せるんだ、という思考から解放されるようになっていきます。

「今、私は持っていない」と思わなくなります。

感謝を見つけるということは、それくらい「ある」を教えてくれます。

6 決めたことを途中でやめない

願いを宇宙に放ってから時間が経つにつれて、本当に叶うのかな、と心配が出てきます。

けれど、心配の思考を出し始めると、その今の心配が「次の今」を創る基準となって、また心配を作りやすくなります。

現実創造の基準はすべて「たった今の思考」がどうかなので、心配が出たとき、「ダメなのかな」と思った思考が次の現実創造の元になってしまいます。こんなときこそ修正ワークをすることが大切なのですが、本当に根本的なこととして、「設定したことが叶うまでやめない」、この意識がより重要なのです。

やめないとはどういうことか？

それは、**「願いが叶うまで諦めない」**と、**「心配や不安や怖れが出て、無理かもと気持ちがぶれたままにしておかない」**（「終わりよし！」にしておく）ということの両方の意味です。

願いが叶っていないという人の大半は、願いが叶っていないのでは？ と疑ったときに「もう無理かも」という思考にサッとすり替わり、残念ながら、そのままになってしまっています。「無理かも」という思考がいつのまにか現実創造の基準に変化していることに気づいていないのです。だから、「本当に叶うのかな」と感じたときこそ、あらためて「決め直す」という意識が大切です。

不安になったり気持ちがぶれそうになったときにこそ、「いや、私は必ずこれを得るんだよ」と再度自分に聞かせてあげることで、自分の軸に戻すことができます。

願いを叶える人は、すごい人なのではなくて、「ただ、最後までやめなかった人」。

自分の設定から逃げない人だけが、引き寄せられるのです。

Chapter

6

引き寄せ実践 一問一答

本章では、ブログの読者やクライアントの方々から
よくいただくご質問や、
わかるようで実はわかりづらい
引き寄せにまつわるちょっとした疑問に
お答えしていきます。

I 執着を手放すと、なぜ願いが叶うのですか？

「執着を手放すと願いが叶う」

私が長年学んできた中で、ダントツに多く聞いてきた言葉がこれです。

でも、なぜ執着を手放すと願いが叶うのでしょう？　ずっとこれが疑問でした。

まず、「執着って何？」というところからですが、『パーソナル現代国語辞典』（学習研究社）によると、「（あることを）思い込んで忘れきれないこと」です。特定の思考を握って離さないこと、ですね。

要するに執着も、結局「心の抵抗」ということなのですが、なぜ執着が心の抵抗として働いてしまうのか、詳しく解説してみますね。

特定の物、こと、人に固執してしまい、「どうしてもこれがいい！」と思ってしまう感情が執着です。

ポイントは「どうしてもこれがいい！」の裏にある感情です。心からワクワクして、これがいいな！　と言える場合は執着ではありません。**執着は、「これが叶わなかったらどうしよう」とか、「とうてい叶うとは思えないから気になって仕方がない」というような感情が隠れているときに起こるのです。**

だから潜在意識の視点で見れば、叶うか不安だし、怖いと思っている、と捉えていることになります。放っておいても叶うだろう、と思うことには人は執着しません。気にしなくても、放っておいても叶うのだから、ずっとその思考を握って気にしておく必要がないのです。

つまり、ひとつのことを思い込んで忘れきれないということは、**叶わないという不安や恐れが隠れている**、ということになります。心の奥にあるこの信念が影響してしまうので、願いごとを強く握れば握るほど叶いづらくなってしまうのです。結局願いが叶うのを邪魔してしまう「抵抗」ってことなのですね。

引き寄せでは、心の抵抗が大きければ大きいほど、願いが叶うのを妨げてしまうのでした。どうしてもこれがいい！　どうしてもこの人がいい！　というような、特定のものや人に固執してしまう思考は、エネルギーがスムーズにゴールへ向かって動いていくのを止めてしまうように働くのです。

「執着があっても大丈夫！」と決めてしまう

ただ、執着があるって、悪いことだとは私は思っていません（悪い、と定義づけたらそのようになってしまいますしね）。

特定の物に固執するということは、それくらい、その対象物が好きだということです。人だったら、とっても愛しているとか、物だったら、とっても憧れているとか。

ただ、感情を握りすぎると願いを叶えるのをはばんでしまうので、これまで書いてきているように、「執着を100パーセント手放す！」ではなくて、「執着を減らしてみる」と思うと心が軽くなると思います。私の場合、執着してしまう自分もオッケー！　それくらい好きな人がいたり、こだわりたい物があるって素晴らしい！　って思っているくらいです。

やっぱりここも、執着する自分を認めてあげて、あとは執着があっても大丈夫、割合が減ってくれば叶う！　って決めておいてください。

量子力学のところで説明したように、私たち人間（観測者）が「私はこうする！　こうなる！」と決めて意識を放てば、それがちゃんと現実化するように、プロセスが勝手に起きていくようになっています。だからその流れに任せておけば、自然に願いが叶う方向に動いていくのです。これが宇宙にお任せする、ということです。

そして宇宙は、何がベストかということを私たち以上に知っています。だから特定の物や人に固執しなくても、「ベストな〇〇！」とだけ決めておけば、あとは放っておいても一番よいものをあてがってくれるのです。

あなたがすることはたったひとつ。
「ベストな〇〇を受け取る！」と決めることだけ。
やっぱり、決めることだけなんです。

Chapter 1で書いたように、願いを決めて宇宙に放った後は放っておく。

そしてChapter 3で書いたように、「叶わないかも」というマイナス感情が出てきたときだけ、その感情を自分でしっかり肯定・共感して、それでも叶うよ、叶えるよ！　と思考修正をしてあげる。

この繰り返しで、願いはちゃんと叶います。

「これがいい！　これしかない！」と執着することによって、逆に願いが叶うのを遠ざけてしまっている。こういう現象が起きていることに気づきましょう。

執着によって願いが叶うことを逆に遅らせているなんて、この事実、とってももったいないことだと思いませんか？

実例

✴ 音信不通だった彼から連絡が来て、復縁できることになりました！

Hさんはふわっとした雰囲気の笑顔が印象的な20代の女性。お付き合いしていた大好きな彼に突然ふられてしまったのですが、どうしてもその人が忘れられず、復縁したいと1年以上も悩んでおられました。

Hさんは彼に対して相当な執着があり、

「彼でないと結婚する意味がない」

「どうしても彼じゃないと嫌」

という思考を強く握っていました。仕事中も、彼が気になって集中できず落ち込んだりしていたそうです。彼と別れてしまったことでHさんは、「私には愛される価値がない」「自分にどこかいけないところがあるから男性に愛されないんだ」というようなネガティブな思い込みも新たに作っていました。

私とのセッションでは、まず、ご自身の内側から湧いてくるこれらのネガティブな感情を、すべてしっかり「そう思ってもいいよ！」と認めていただきました。

「どうしても彼がいいって思ってるんだね」

「彼を逃したらもう結婚できないと思ってしまうんだね」

「愛される価値がないと思ってるんだね」

このように、自分と対話するのです。

それまでHさんは、ネガティブを否定しない、ということをしたことがなかったため、最初は違和感があったようです。けれども、自分の気持ちを受け入れるようになってくると、心が楽になる日が増えていったそうです。

自分の感情を徹底的にすべてオッケーと認めたあとは、「**ベストな男性とつながる**」と引き寄せを再設定していただきました。特定の人、と思うと執着が強くなってしまうタイプの方でしたので、こういう場合は「どう転んでも一番素晴らしい人とお付き合いできる」と決めたほうがいいのです。どう転んでも一番好きな、ですから、お付き合いしていた彼かもしれないし、彼でなくても結局一番好きな人がやってくることは間違いないからです。

そして、毎日の生活を大切にしてくださいとお伝えしました。日々、小さなことでいいので、やりたいことを極力許可して（好きなカフェに寄ってみるとか、ご褒美で可愛い服を買ってみるとか）過ごしていただきました。

自分のしたいことを許すという実践は、そのままの自分を認める、という心の変化につながるのです。

たったこれだけですが、効果が出るのに時間はかかりませんでした。音信不通だった彼から、セッションから約2ヶ月後に突然メールが来て、晩ご飯を食べることになったそうで、「今とってもウキウキしています！」と報告を送ってくださいました。

「お別れしたときは、彼をどうにかして自分のものにしたい、とか、早く結婚したい、とばかり思って、彼との時間に感謝することがあまりなかったのですが、今はただ会えるということが本当に嬉しいのです」とのことでした。
その後も何度か会うことが続く中、なんとなく自然に復縁という流れになっていきました。

お別れする、という状況はとっても辛いですが、**いったんその流れを否定せず受け入れ、また自分のどんな感情も受け入れていけば、最後は必ず一番いい形に収まります。**

起きた状況や湧いてくるネガティブ感情に抵抗するから、すべてがかえってややこしくなっていくのです。
Hさんは、「毎日とっても心が軽く、以前より生きやすくなりました。本当にありがとうございます!」とメールをくださいました。

2 願いが叶うタイムリミットは設定するべきですか？

このご質問もよくいただきます。結論から言うと、宇宙は私たちの願いが叶う一番いいタイミングをすでに知っているので、叶う時期は基本的にお任せしておいたらいいです。

あなたがすることは、ただ「自分にとってベストなときに手に入れる！」とだけ決めておくこと。これは大事です！

決めたあとは「いつ願いが叶ってもいいよ〜」と思いながら、できるだけ心地いい思考を選んで毎日を過ごしていてください。

願いごとの内容や性質により期日を設定したいときとか、そのほうが自分のモチベーションが上がってワクワクする、というようなときはもちろん設定してもいいです。これも自分の心に聞いてやったらいいですよ。**一番しっくりくるやり方を選ぶ、というのはどんなときも鉄則です。**

ただ、期日を決めると「計算」を始めてしまう人がいらっしゃいます。

たとえば、「今年中に素敵な彼氏を作る!」と思ったとします。そうすると、自動的に頭で計算を始めてしまうのです。「設定した年末まであと2ヶ月!」とか「願いを設定してから1週間経ったけど、まだ変化がない。来ないのかしら……」というように。

実はこう思考した時点で、願いは願いでなく、期日までに達成せねばならない義務のような扱いになってしまっています。でも引き寄せは、「〜べき」でするものではないのです。そもそも、どうして年内と決めるのでしょう? たった今、次の瞬間に誰か素敵な人と出会うかもしれませんよ?

○月まで! とか、今年中に! というリミットを設定するくらいなら、「**今日、突然来てもいいよ!**」と決めてください。こちらのほうがよっぽどワクワクすると思います。**「できるだけ早く受け取る！」**と決めるのもいいですね。

たとえば資格試験などは、試験日が決まっているので設定することになるケースもありますが、いつとは決めず、「一番いいときに」とか、「できるだけ早く」としておけばいいです。

3 願いごとに優先順位をつけたほうがいいですか？

つけなくていいです。「**ベストな順番で受け取る！**」としておきましょう。

引き寄せは間口を広げておくということが大切ですので、意識の使い方は、「何が、どこからどんな順番で来てもオッケー！」です。こう思っておくと、一番いい形で受け取ることができます。欲しいと思っていたものが一度に来てもいいわけです。

タイムリミットを決めるのと同じで、宇宙は何が一番いいタイミングか、順番かを知っているので、心の抵抗が出にくい「ベストな順番で！」という思考を選んでおけばいいだけです。

自分の頭でできる計算は、自分が知っているほんのわずかなデータから導き出したもの。本当は、すべてお任せ！　としておいたらいいのですが、どうしても気になるという思考が出てきますので、「どこから来てもどんな順番で来てもいいよ、必ずベストな順番だから」と設定しておきましょう。

4 やりたいことがわからないときは、どう設定したらいいですか？

「今現在、具体的に何がしたいというものがありません」という悩みもよくいただきます。

こういうときはまず、どんな自分で在りたいか、ということを先に設定したらいいです。やっぱり「決める」ことから始めます。

「やりたいことがわかる自分になる！」と決めるのです。

この言葉を手帳に書いてもいいですし、心の中でしっかり決意してもいいです。そして、「ワクワクすることをやっていきたいから、私に必要な情報をちょうだいね！」と宇宙（自分）にも遠慮なくオーダーしておきましょう！　これでサポートはちゃんとやってきます。

決めたあとは、日々、その瞬間瞬間、自分がやりたいなと感じることをできるだけ許可して過ごすようにします。今日はテレビで○○を観よう、と思ったらそうする。△△のケーキを買って帰って食べよう、と思ったらそうする。カフェに寄りたいと思ったらお茶して帰る。友達にメールしようと思ったらする。流しに洗い物があるけどもう寝ちゃおう！　と思うならさっさと寝てしまう、というように。

これらはみな、些細なことのようですが、その日その瞬間、自分がやりたいことに嘘をつかず、無理のない範囲でやっていくようにすると、心も体も力が抜けて心地よく過ごすことができます。

宇宙から情報を受け取るには、リラックスしていることが大切と先に書きました。脱力して心地よく過ごしていると、あなたにとってこんなことをやったらいいよ、きっと楽しいよ、ということにつながっていく情報を見たり聞いたりするようになっていきます。この情報につながるには、リラックスして心地よく過ごしていること。日々小さな願いを叶えて生活すること、なんです。

「やりたいことがわかる自分になるぞ！」としっかり決意した後は、その瞬間からこうしてみたいな、と感覚的に降りてくることを、無理のない範囲でいいので、少しずつやっていくようにしてみてください。

5 「ワクワク」の概念ってどういうものですか？

引き寄せの法則では、心がワクワクすることを選んでいけば願いが叶うとか、本当の自分につながることができるといいますが、ではワクワクって、具体的にはどんな感覚を指すのでしょうか？

「きゃー、うれしい！」「楽しい！」という、飛んだり跳ねたりしたくなるような躍動感、これはもちろんワクワクです。王道と言ってもいいかもしれませんね。

でも、これまでも本書の中で述べてきたように、私たちにはそもそもさまざまな感情の彩りというものが備わっていますよね。

あるバラエティ番組で、俳優のAさんが、俳優のBさんとドライブしながら人生について会話をする、という企画がありました。そこでこんなやりとりがあり、印象に残っています。

俳優A「俳優Bとして居続けることって、しんどくないですか？　俳優Bでいるって、もはやひとつの生き方ですよね？」

俳優B「疲れたー、休みたい！　って思いながらも、結局この仕事が好きなんだろうね……」

この後2人の会話は続き、最後にこう言っていました。

俳優A「でもやっぱり俳優って楽しいな。結局、好きなんだと思います、絶対!!」

ワクワクってこういうことなんですよね。

自分の心が躍るようなこと、これがやりたいということをしていても、生きていると、ずっと楽しくて平穏、とばかりにはいかないのです。たまには、しんどい、もうやめちゃおうかな……と感じることだってある。でも、やっぱり戻ってきてしまう。

「なんだかんだ言って好きなんだろうな、私」。そう感じるもの、それがワクワクの正

体です。

みなさんも、そういうものに心当たりありませんか？　なんだかんだ言ってやめられなくて、どうしても戻ってきてしまうもの。

そういうものに出会いたくて、私たちは人生という探求の旅をしているのかもしれません。

私はワクワクという言葉の概念は、本当に深く幅広い、さまざまな表現ができるものであると思っています。

はっきり言えることはひとつ。

飛んだり跳ねたりしたくなるほどの楽しい躍動感であっても、心がとても平穏で落ち着いた感覚であっても、何かに集中して時間を忘れるほどの没頭感であっても、あなたの中心とつながった一体感があるもの。ちょっとしんどいことがあっても、やっぱり戻ってきてしまうもの。離れられないもの。それらすべてがワクワクです。

6 なぜ、他人は変えられないのですか?

願いを叶えたいと思うとき、しばしば自分一人ではなく他者との関係が生じてくることがあります。周囲も含めてこうなったらいいな、こうあってほしいな、というような願いの場合、他者にこうしてほしいという思いが湧くこともあると思います。

しかし、他者の思考を直接自分が変える、ということはできません。

逆の立場で考えるとわかりやすいですが、自分の思考がほかの力によって変えられてしまうと思ったら、とても怖いですよね。

宇宙においては、いくら引き寄せを使ってもそうなってはならないこと、また物理的に必要のないことはできないようになっているのです。

たとえば、500歳まで生きるとか、体ひとつで空を飛ぶことは、引き寄せを使ってもできないですよね。他人の思考を操作することも同じです。

ただし、自分の思考が変わることで、他人の自分に対する反応が変わる、ということは起きてきますので、こういう場合はある意味、他者を変えた、と言えるかもしれないですね（あくまで自分が変わったことによる結果ですが）。

自分が自分の宇宙の創造者であることを許されている私たちは、自分の思考を自由に選んで、現実創造をしています。これは、他者は介入できない部分なのです。ここが守られているからこそ、私たちは自分の思考によって自由な世界を創り出すことができているのです。他者の思考を操作できるとなれば、この秩序が壊れてしまいますね。

人を変えたいと思うときは自己否定が隠れている

大切なのは、他者をどうこうしたいとか、こうなって欲しいと思ったとき、自分の内側にどんな本心が隠れているかを見ることなのです。

人を変えたいと思うときは、

「今のままではいけない」

「ありのままでは愛される価値がない」

「私には力がない」

などの自己否定的な思い込みが自分の内側に隠れていたりします。その部分をしっかり見つめて、必要なら思考修正をしたり、もうその思考を選択しないのなら「ありがとう」と感謝して手放してしまうことが大切です。

他者を変えることで幸せになれるのではなくて、自分が変わることで幸せが見つかるのですよね。

7
子どもの将来が心配です。どう願いを設定したらいいですか？

親にとって子どもって、ただただ、大切で愛おしい存在ですね。私にも子どもがいます。大きくなった今でも、憎まれ口もまだ叩かれますが、とても愛おしく大切な存在です。

子どもが生まれたそのときから我が子ができるだけ苦労少なく、順風満帆な人生を歩んで欲しいと思うのは、どんな親でも同じだと思います。

でも、子どもを愛するがあまり、先の心配ばかりしていませんか？

子どもが小さいときは、学校で友達と仲良くできているかな。少し大きくなってくると、勉強についていけているかな。本当に志望校に合格するのかしら。大人になってくると、恋人ができたみたいだけれど大丈夫かしら、などなど。

結局、どの成長段階でも、「心配の意識」を子どもに投げていることが多いのではないでしょうか。

もし心あたりがある方は、今日からぜひ、お子さんに心配のエネルギーを送るのをやめてみてください。そして、**心配をする代わりに「お子さんの一番よき姿」をイメージしたり、「この子はいつでも大丈夫な存在」と定義して見てあげるようにしてください。**

この子にこうなって欲しい、とか、こういう人生を生きていって欲しい、と思うとき、そこには親の「～べき」という価値観が隠れています。

親の思うよい人生と、子どもにとってのよい人生は全く別なのです。だから親が子どもにしてあげられることは、「我が子の一番よき姿をいつもイメージしておいてあげる」「大丈夫だと信頼しておいてあげる」ことなのです。そして子どもが成長していく中で選択する道を信頼し、応援してあげることなのです。

子どもが選択したことは、ぜひ叶うように「祈って」あげてください。

たとえば、世界が平和でありますように、職場のみんなが協力して仕事ができますように、家族が健康で過ごせますように、などはみんな祈りですよね。愛から来るものです。

自分以外の人が幸せになる、なりますように。こう思うことが悪いことであるわけがないので、ぜひやってください。

子どもの引き寄せ設定をどうするか、と聞かれることもありますが、設定は本人がするものです。なので、ご両親であっても、お子さんご自身以外の人がどうこうは言えません。もし親があえて設定するならば、こうです。

「この子は大丈夫（な存在です）」

「この子は（何があっても）ベストな道に進む」

そういう意識を持って見てあげてください。

仮に親が「志望校に合格しますように」と設定しても、本人が必要な行動（この場合、勉強をすること）が十分でないと、設定しても叶わないということはあると思います。お子さんが設定したことを成し遂げるのは、お子さんしかいないからです。だからこそ、親として、お子さんの人生が完璧であり、お子さん自身が大丈夫な存在である、ということを信頼して「あなたはいつでも完璧だよ」という意識を送っていてあげてください。あえて言うなら、それが設定になると思います。

祈りと引き寄せ設定は似ているようで別ですが、祈りは愛であり、とても素晴らしいものです。祈って悪いことなんてひとつもないので、頑張っている姿に対して、受かりますようにと祈ってあげてください。心配するのではなく、信頼する意識でやってくださいね。そしておいしい夜食でも作って応援してあげてください。その愛の波動が、またいい循環をもたらします。

これは子育てに限りません。自分の親などに対してもそうです。だんだん年をとっていく親に対しても、心配の意識を送り続けるのではなく、一番よき姿で楽しく暮らしている姿をいつもイメージしておいてあげる。このことが、相手が幸せを引き寄せるためのお手伝いになっているのです。

8

お金のエネルギーを究極に循環させる方法を教えてください

お金とどう付き合うかは、多くの方に共通のテーマかもしれません。お金のエネルギーを循環させるのにも、やはり思考の使い方が大切ですが、まずは、お金のエネルギーを「得る！」と決めることです。

「私はお金のエネルギーをしっかり得ます」と決意します。そして、決意したら、「お金のエネルギー＝現金のみ」という思い込みを、まず書き換えていきましょう。

Chapter 4で少し説明しましたが、お金のエネルギーと言っても、現金だけとは限りません。

・お金になるかもしれない情報が入ってくる
・お金につながる仕事や人とのご縁ができる

・物をもらう
・払うはずのお金を払わずに済む状況になる

など、一体どんな形でやってくるかわかりません。何の形で巡ってきてもいいよー、どこからきても嬉しいよーと思っておくと、あらゆる形を取って流れてきてくれるようになりますので、ぜひ、お金の引き寄せ＝現金のみ、という思い込みをここでサクッと外してしまいましょう！

お金の引き寄せのポイントをざっとまとめてみます。

❶（喜びとともに）先に出して循環させる

お金はエネルギーなので、自分のところにあるものをほかに回さないと、新しいものは入ってきません。まず自分から出す、のが肝心です。

❷お金自体でなく、欲しいもの「そのもの」をイメージする

お金自体が欲しい、という場合以外は、欲しいものを手に入れたイメージを持つほ

うがいいです。お金は媒介物になることがほとんどです。

❸お金を好きになる

お金は悪者ではありません。汚いとかそういうイメージを持っていると回ってきません。自分を嫌っている人のところに行きたくないのは、人もお金も同じです。

❹見えているもの（手元の現金、貯金）がすべて、と思わない

私たちの視界に入っている情報は本当にわずかです。けれども、手元にある現金や貯金通帳などは物理的に存在しているという点でとても臨場感があるため、どうしてもこれだけしかない、と自動的に思考してしまいがちです。

見えているものがすべて、という思考をいったん手放してみましょう。

Chapter 1で書いたように、お金に対しても「自分の内側から出す」という思考を使います。「必要なだけ出す」と決めてください。エネルギー（素粒子）はあなたの投げた意識により形を創って、物理次元に出てこようといつでもスタンバイしていま

す。肉眼で見えていないだけなのです。

❺よそから取ってくるのではない

人の物を取るとか、お金をよそから動かしてくる、と思っていると、欠乏感や不足感がいつもついて回ります。お金の引き寄せもやはり、移動させてくるのでなく、創造するというイメージでエネルギーを扱う、ということです。

❻小さな感謝をする

人と比べてどう、という見方でいると、どうしても「ない」ことにしか目がいきません。毎日ごはんが食べられていることでさえ、お金で食材が買えたり、外食にお金を使えることに通じています。小さな感謝はすべてのベースです。

❼受け取り許可をする

欲しいだけ入ってきてもいいよ、という許可を自分自身にしっかり宣言します。

実はこの「受け取ります宣言」をやってみると、「うわー！　決めたけれど、本当に来るかもと思ったら怖くなってきた」という感情が出てくることがあります。もしくは、私が受け取っていいのかな、という罪悪感が顔を出すこともあります。

どんな感情が浮かび上がってきたのかをしっかり見つめて、もう選択しなくていいなと感じる思考は「選びません」と修正していってください。思考パターンを変えていきます。

❶の「喜んで先に出して」循環させる、については、「お金は流しなさい、そうすれば入ってくる」とよく聞きます。ここだけ聞いて、ただ喜んで好きなだけ使えばお金って回ってくるのだな、と解釈してしまう人もいるようですが、そうではなく、「お金の使い方」はきちんと考えること。計画的に使いましょう！　ということなのです。

なんだかそれじゃ引き寄せじゃないみたい、と思われるかもしれませんが、**どんな意識で使っているのか、どんなことに使うのか**（本当に手に入れたいものに使っているか？）ということが重要要素なのです。

二番目に欲しいものでごまかすなどの妥協でないこと、ただの浪費にならないこと。また、大して欲しくない物にお金はかけないけれど、自分の心を豊かに満たすものにも全然お金をかけない、というのもよくありません。

一番欲しいものにかける金額は、最初から無理しすぎなくていいです。一日の終わりに、帰宅してからホッとくつろげるコーヒー一杯を買って帰る、ただそれだけで、本当に欲しい物に喜んでお金をかけていることになります。

そんな小さなことでいいので、自分に許可して行動するのです。そうすれば、次はもうちょっと受け取り許可を上げてみようかな、という気になってくるものです。お金のエネルギーを喜んで流し続けてください。

9 募金や寄付はしたほうがいいのでしょうか？

コンビニのレジ前の募金箱や街頭募金、またいろいろな団体に寄付を、というお知らせを目にすることがありますよね。

募金や寄付については、したほうがいい、よくない、ということではなくて、「どんな気持ちでそれをするか」にポイントがあります。かわいそうな子どもたちがいる、とか、困っている人のために、という意識でいませんか？

私も以前はこういった意識がありました。しかし、本当はかわいそうな人たち、というのは存在していません。**かわいそう、と思った時点でかわいそうな人を作り出してしまうだけです。**

かわいそうな人に何かをしてあげる、という意識ではなくて、ぜひ「自分のお金が、ほかの人が今より幸せになることに使われていきますように」と喜びの意識で募金や寄付をして欲しいと思います。

みながすでに救われている、幸せである、という意識を一人ひとりが持つこと。たとえ現状そうではなかったとしても、そうなったイメージを持って喜びのエネルギーでお金を使うようにしてみてください。ここもやっぱり、出すときの意識が大切です。

・募金したらお金が回ってくるらしいから、しなくちゃ
・募金や寄付をしないと、お金が出ていく別のことが起きるらしい
・募金って大きい金額をしないと、意味がないらしい
・全く出す余裕がなくても、出したほうがいいらしい

こんなふうに、打算や強迫観念で思っている方は要注意です。

寄付したらお金が回ってくるのではなく、**お金を出すときどんな意識なのか。ポイントはこれだけ。**金額の大小に優劣の差なんかありません。

自分がたった今できる範囲で喜んで出せるお金を、「誰かの喜びになりますように」という意識で送り出すだけです。ただ、出せるようになってきたら、大きい金額もしていけたら豊かですね、というだけです。自分が循環させることができる額が大きくなれば、それに見合った額の募金をしていくのです。

たとえば、給料日まであと3日あるとして、手元にあるのは1000円。思いきって1000円みんな寄付してしまおう！　というのでは、大変な抵抗を生みますよね。でも、この1000円のうち、100円気持ちよく出してみよう、誰かのためになっていることを一瞬イメージして箱に入れてみよう。これでいいんです。

ただし、本当に心から気持ちよく出してくださいね。金額が小さいからダメなんて思ってはいけません、自分が出したお金のエネルギーにケチをつけることになります。

1円は波動が低くて1万円が高い、なんてことあると思いますか？

「1円を笑うものは1円に泣く」という言葉がありますが、1円も1万円も同じように喜べる人がお金に愛されるのです。

10 「自分を愛する」とは、どういうことですか？

引き寄せを学ぶと、「自分を愛する」「自愛」という言葉をよく聞きますよね。でも私にとっては、割と長い間、概念がわかりづらい言葉だったんです。自分を愛するって具体的にどういうことを言うの？　という疑問がずっとありました。

そして長年実践する中で、ほかにいろいろな表現ができる、ということがわかりました。

・「私、自分のことが大好きなの」って言えるのも自愛
・「いつもありがとうね」と自分で自分に感謝を伝えるのも自愛
・疲れた体をただ休めて、いたわってあげるのも自愛

・今日はご褒美！　と好きなものを買っちゃうのも自愛
・自分に甘く、何もしない！　と決めてぐーたら過ごすことをオッケーにする日を作るのも自愛

要するに、**自分にとってそのときそのとき、これが一番自分を愛してるなーと感じる行動を与えてあげるのが、自分を愛してる、ってことですね。**

私が思う究極の自愛の概念があるのですが、それは、「私は今のままで、もう完璧だよ!!」って声をかけてあげることなんです。「現状がもう完璧！　ほかの何者にもならなくていいよ！」って言ってあげること。

私たちは真面目なので、いつも自分をどこかダメだと思っていたり、何か足りないと思っていたり、別のものにならないといけないと思っていたり、そんな思考を自分に無意識に投げていることが多いのです。

でも本当は、私たちはどの瞬間も完璧なので、何者にもならなくていいのです（も

ちろん、こうなったらもっと楽しいな、という意識から変わりたいのであればいいのですが)。

自分を愛する、とは今のままでオッケー！　と認めてしまうことなのです。

最初からすべてを認めるのが難しいと感じる方は、まずは今この瞬間、一番したいことをすることから始めてみてくださいね。

11 人や物との縁が切れたときは、どう考えればいいですか？

人って、ずっと握っていたものを失うことがとっても怖かったりしますね。もうなくてもいいものだ、と感じているものでも、それがいざなくなる！　と思うと、さびしさを感じたり、現状維持でもいいのかな〜と思ってみたりするものです。

ですが、もし、今まであったものが壊れる、つながっていたものが離れるということが起きたら、いったん喜んでみてください！

引き寄せ実践で大事なことは、大きな流れには任せてみる、ということです。「宇宙にお任せ」とも言いますが、私たちに起きてくるご縁は、すべて、「来るもの拒まず去るもの追わずスタイル」がいいのです。

なぜなら、本当に必要なご縁であれば、いったん離れたとしても、あれこれ対応策を練らなくても、また必ずつながり直すからです。つなぎとめておこうと必死に頑張らなくてもいいのです。学びが終わって進化した波動になれば、本当に必要な人や物ごととは再度つながり直しが起こります。

何かが壊れていくということは、実は、新しいものと出会う時期が来ている、ということなのですね。

古い家が建っている土地に、新しい家は絶対に建てられないのです。

壊れるということは、何かが入ってくるというサイン。だから喜んでいいんですよ。もっとすごい自分になれるということであり、もっとすごい何かと出会えるという前触れである。

とってもいい引き寄せ思考をひとつお教えします。私がいつもやっている思考法です。何かを失ったとき、何かと離れるタイミングがあったときは、

「これが起こることによって、次のもっとよきことにつながる」と決める！

決めたらそうなっていくので、今ある何かが自然に壊れていくことも恐れすぎないでくださいね。

おわりに

また新しい時代に入った

一人ひとりが望んだ形で繁栄していくことが、宇宙の正しい姿

人って考え方も、価値観も、やりたいことも、やりたくないことも、みんなそれぞれ違っているところに、本来ものすごい素晴らしさがあります。この世界の面白みが生まれるモトも、あらゆる「違い」の部分にあります。

なのになぜ、私たちはいつの間にか、みんな一緒じゃないといけない、周りに合わせておかないといけない、と思い始めてしまったのでしょうか？

宇宙における拡大エネルギーの方向性とは、本来、私たち一人ひとりが、他者の選択を大いに認めたうえで、自分も自分で遠慮なく好きなものを選ぶこと。あなたはそれがいいんだね、私はこれだよ。お互い素晴らしいよねー、いいよねー、という性質のものなのです。

私もあなたも、どちらもオッケー。そして、みんながそれぞれ、好きに選択して、自分の願いをちゃんと引き寄せられたらいい。お互い一番よき姿で過ごし、共に生きていく。これが宇宙の本当の繁栄の姿です。

すべての人に、それぞれの大切な役割が与えられている

引き寄せを実践し始めてから、私の生活はあっという間に激変！ というくらい変わってきました。

今私は、一番やりたかった、セッションカウンセリングやセミナーなどを通じて、関わってくださる方々の人生を変えるお手伝いをしていくという願いが叶っています。

そして、こうして本を出せるということも、これまで本の世界とは全く無縁の生活を

していたのですから、やはりものすごい引き寄せだと思います。引き寄せを伝える形のひとつとして本があったらいいな、と思っていたら、引き寄せられてきました。

人には得たい幸せの形、というものがそれぞれにあります。

大学で研究がしたい。
今の会社で商品企画をやりたい。
起業して独立し、物を売りたい。
カウンセラーになりたい。
専業主婦として、夫や子どものためにいろいろなことをしてあげたい。

本当にさまざまです。
すべての人がこの大きな世界の構成員です。パズルのピースです。いろんな形があり、色があり大きさがある。それぞれが好きな持ち場で輝くように、そもそも最初からそのように、私たちは生まれています。
みなさんが大きな宇宙において与えられている素敵な役割には、結局、自分のワクワクすることを日々やっていくことで出会うことができるのです。

自分が一番いたいと思う場所で、一番やりたい役割を果たしながら生きられること。これが「引き寄せの法則」の成功者です。

すべての人が、大金持ちになりたいわけじゃない。
すべての人が、芸能人になりたいわけじゃない。
すべての人が、結婚したいわけでもないのです。

知り合いに、一社員として、上司をサポートすることに本当に充実感を抱いている人がいます。彼女は日々、一番やりたいことをやって生きています。会社にとって、大事な柱です。でもその人は、別に社長になりたいとは思わないのです。

あなたが本心からやりたいことに対しては、それをしてほしいという人が必ず出てきます。だから、宇宙の法則上、本当はどんなことも取り合わないようになっています。勝った負けたはなく、すべての人が勝っているし、みんながすごいのです。

人にいろんな役割があってこそ、宇宙はバランスを保てています。みんながそれぞれの幸せを自由に選んで生きるための法則が、「引き寄せの法則」です。「自分が望む幸せの形がそこにあること」が重要なんです。

幸せの価値をどこに、何に置いているかは、皆さん違います。

世の中の人が全員アイドル歌手になったら大変です！　そんなつまらない話はないだろ！　って話です。

これからは自分にしかない役割で、個々がそれぞれに輝く時代です。

我慢ばかりしてきた人生は、もうそろそろ手放して。あなたはもう、好きを一番に選んで生きることを許可してもいいと思います。

そういう自分になる！　と決めたとき、引き寄せの法則もめいっぱい働いてくれるのです。

引き寄せの法則＝可能性の法則

私はセミナーやセッションなどで、「引き寄せの法則とは可能性の法則です！」とお伝えしています。

可能性とは、「まだ全く形になっていない」ということ。

私たちのすべては、この可能性にギュッと詰まっています。真実は私たちの内側にのみあるのですから、自分の意識次第で何にでも形を変えられる、この「可能性のエネルギー」をいつも意識して、自分の力だと思っていてほしいと思います。

私たちは、生きる中で先がわからないことがたくさんあるから、ときとしてとても苦しみます。でも、わからない、決まっていない、という未知なる可能性があるからこそ、逆に壮大でワクワクするビジョンを心に描くこともでき、心躍るような希望を持つこともできるのです。

生きるパワーの源は、まさに「私たちの可能性」の中にあるのです。

確実に決まっている未来なんてひとつもありません。あなたの中にある無限の可能性が見えなくなってはいませんか？ 何ひとつ、こうと決まって固定されているものはないのだから、たった今、この瞬間から、できないという思考を手放し、願いを叶える！ と再度決めるだけで、自分でいくらでも好きなように世界を創り変えていけるのです。

この内なる素晴らしい力がどの方の中にも確実に存在していることを、ぜひ信頼していてほしいと思います。あなたが、これからどうありたいかを、まず「決める」ことからです。

自分に合うものだけを組み合わせていけばいい

私が常々、絶対的法則だと言っていることの中に「**需要と供給はセット発生の関係**」というものがあります。自分が心から伝えたいと思うことに対しては、それを欲しいと思う人が必ず生まれているということ。

たとえば、潜在意識とか引き寄せの法則って、簡単に言葉にしてしまうとなんだか十把一絡《じっぱひとから》げですが、本当は違うんです。

Aという人が伝えたい引き寄せの法則と、Bという人が伝えたい引き寄せの法則は、同じ引き寄せの法則であり、法則自体は決まっていても、切り口や説明の仕方、具体例や実践法、説明理論、それぞれ違うのです。

メソッドについても、人によって合うものと合わないものが必ずあります。メソッドありき、ではありませんが、いろいろ探求して、自分の体で試して、合ったものを日々実践し続けたらいいのです。合うかなと思うものや、自分がしっくりくる考え方と出会ったら、それを採用して、日々実践し続ける＝習慣にしていくのです。

知識だけなら、今の世の中は多すぎるくらいだと思います。でもこれも、引き寄せ思考を使ってこう捉えたらいいと思います。

「たくさんやり方や理論が説明されているから、いろいろ試してみて、合うものだけを組み合わせよう。それで自分のやり方を確立して、しんどくなく続けながら思考のクセを変えていけたらいい」と。

たくさんある中から選べばいいんです。

何をどう伝えていきたいかも、発信者によってすべて違います。受け取る側のニーズはそこに生まれるのですね。

日本における引き寄せの最初のブームは、2007年に『ザ・シークレット』(角川書店)が発売された頃がすごかったですね。私も、思考の現実化に関する勉強はもっと前からしていたものの、この本によって、「引き寄せ」という言葉を強く認識しました。

もっと以前から海外で出版されていたエイブラハムの本が日本で注目されるようになったのも、同じ時期と記憶しています。このときは、「やり方はこの本にある通りしかない」という感覚が強かった気がします。

時を経て、日本では第二次ブームが起きている、と言う人も多い今、この最初のブームと何が違うかというと、「今は圧倒的に実践法のバリエーションが多い」ということではないでしょうか。

やり方はこうです！　だったのが、こんなやり方も、こんな理論からも説明できるよ、というふうに変わってきたのが、今の第二次ブームの特徴ではないかと私は思っています。

合わない、しっくりこない理論ややり方に無理やり自分を合わせるのではなく、この人のこんな発信は心地いいな、でもあの人の発信の一部もいいな、では私はそのふたつを組み合わせて理解して実践していってみよう、というようにカスタマイズできるのです。

これはタブーでも、やり方として間違いでもないのです。自分が信じやすいものが実現化しやすいのですから、やり方だって主体的に決めていく時代に入っているのです。

見たいほうを見て生きる

自分一人だけいい状況を得ていたい、という意識は衰退に向かうエネルギーです。

先に書いたように、私もあなたも、それぞれ好きなことで生き生きと自分の人生を歩いていこう、お互いに望む形を手に入れて一緒によくなっていこう、というエネルギーこそ繁栄のエネルギーです。

それぞれが望む形が、この宇宙でのそれぞれの役割であることも間違いないです。だからこそあなたがやりたいこと、手に入れたいものを諦めないでいて欲しいと思います。答えはひとつではありません。あなたが決めたことが答えとなっていきます。

今までと違う角度で物を見るようになると、引き寄せがうまく発動することが増えてくると思います。願いが叶った！　ということも起きてくるでしょう。

でも一、二度そういうことが起こっただけではまだ「垣間見《かいま》」の状態です。新しい思考習慣を作るには、やはり継続が大切です。

新しい世界を開くために、**「見たいほうを見て生きる」**をぜひ新しいクセにしていってください。

エネルギーはリレーのように循環する

人はそもそもみんな違う。だからこそ素晴らしく、私は私、他人は他人でいい。引き寄せを実践するにあたって、私がいつも心に置いていることです。引き寄せの法則を使うとは、自分が自分の望むものを望む形で受け取ること。何かすごいことをすることがよいのではなくて、あなたの心の豊かさがそこにあるかどうか。読んでくださる皆様には、これを確認しながら実践していって欲しいな、と思って本書を書かせていただきました。

私はもともと、ネガティブ思考が非常に強く、昔から先回りをしてあれやこれやと思い悩みいつも何か気にしていました。また、頑張らないと人に認めてもらえないとも思っていたため、やっぱりその通りの現実が目の前にありました。成功哲学をたくさん学びながらも、全く自分の思考を変えることはできていなかったのです。

失敗する前に気づけばよかったのですが、私の場合、出産するときに早産になり、娘ともども生死の境をさまよったり、その後も本当にたくさんのものを失ってしまってから、何かおかしい、ということにようやく気づいた、というパターンでした。

そこから諦めず、よく這い上がったと思います。何も無くなったからこそ、もうこれからは引き寄せるしかない、と腹をくくれたのかもしれませんが、やはり学びにもタイミングがあるのだと、今になって納得している次第です。


直感でブログを書き始めてからは、思わぬ反響をいただき、私が発信することがどなたかの生きるヒントになれれば、そう思って書き続けてきました。今回、本という形でお声がけをしてくださった大和書房様、そしてマイペースな私のことを根気よく支え続けてくださった編集の鈴木萌様には、本当にお礼の言いようもありません。この場を借りて心より感謝申し上げます。

この本を書かせていただく中で、私はあらためて「人は誰でも一人では生きていない。いつも自分以外の誰かに支えられて存在するように宇宙はできている」ということを深く感じる日々を過ごしました。この本も、多くの方々の力を借りることができて、初めて世に出させていただけます。

エネルギーはリレーのように循環する。私が誰かからいただいた温かいエネルギーは、また違う誰かに循環させていこう。そう思える感謝の日々でした。

いつも応援し続けてくださるブログの読者様、お会いしてきた多くのクライアント様、いつも励ましてくれ、私の心の支えになってくれる家族、大切な友達たち、カウンセラー・アドバイザー仲間の方々など、私に関わってくださるすべての人たちに心よりお礼を申し上げます。

「ネガティブがあったら願いが叶わない」という大きな誤解を解いて、あなた自身の人生が本当に変わっていくヒントが本書の中に見つかれば幸いです。

「ネガティブがあってこそ人間」

これが腑に落ちれば、実は願いは、スルスルと叶うのです。

すべてのご縁に深く感謝して。

2015年10月　MACO

文庫版あとがき

自分の学んできたことを、誰かの人生を明るく照らす光にしていきたい。

私が本を出したいと思った理由は、決して作家に憧れていたからではありませんでした。人生を変える具体的な方法を大勢の人に一度に広く伝えるには、書籍という形なら可能だろう……。当時個人コーチングをしながら増える一方のニーズに、すぐに応えられなくなるだろうことを予測しながら、デビュー作を一生懸命執筆していた記憶があります。

デビュー作の単行本『ネガティブがあっても引き寄せは叶う！』は、自分の予想を大きく超える反響をいただき、これまで増刷を重ねて多くの方に手に取っていただいてきました。そういう強い思い入れがある本が、時を経てこうして文庫化されたことは非常に感慨深く嬉しいことです。本当にありがたいことに、ＭＡＣＯの代表作とかバイブルと呼んでくださる方々も多いです。

本で人生の歩き方を伝えることをスタートさせてから数年が経ち、今つくづく感じるのは、1冊の本の中の、何気ないひとつの言葉や文章が、本を読んでくださっている方の人生を一瞬で変えるきっかけになることがあるのだ、ということ。

自己啓発書という視点で言うと、伝えたいことを、ただわかりやすく説明するだけでも悪くはないのかもしれません。しかし、「ああ、この言葉だ！」と一瞬でストンと誰かの心の深いところに落ちて行くような感動を、1冊の本の中に点々と残していけたら、著者としてこの上ない喜びと思うのです。

『ネガティブがあっても引き寄せは叶う！』は、今回文庫になり、装いも新しくしていただきました。大和書房の編集担当の鈴木さんが、無名の一ブロガーだった私を見つけてくださった時から、私の人生も一瞬で大きく変わったので、まさに私の引き寄せの原点が、『ネガティブがあっても引き寄せは叶う！』を出版できたことなのだと思います。

時代はますます速いスピードで流れて行きますが、時代が変わっても人の悩みのテーマはあまり変わっていないように思います。

マイナス思考やネガティブな感情は、次の明るい未来のための「お知らせサイン」であり、そもそもネガティブを持ったまま人は願いを叶えて行くもの。あなたの愛おしい一部としてネガティブの存在をありのまま受け入れたその時から、人生の流れは激変して行くのです。このことも、私は普遍的な事実ではないかと思っているので、この文庫が新しい読者様にも広がって行くことを願いたいです。

人生初の文庫が、デビュー作であったことに深い喜びを感じるとともに、編集の鈴木さんに感謝の気持ちを捧げます。そして長くＭＡＣＯの書籍を愛してくださる皆様にお礼申し上げます。

２０１８年10月　ＭＡＣＯ

参考文献

『引き寄せの法則』マイケル・J・ロオジエ著　石井裕之監修（講談社）
『ザ・シークレット』ロンダ・バーン著　山川紘矢、山川亜希子、佐野美代子訳（角川書店）
『ヒーロー』ロンダ・バーン著　山川紘矢、山川亜希子、佐野美代子訳（角川書店）
『ザ・キー』ジョー・ビタリー著　鈴木彩子、今泉敦子訳（イースト・プレス）
『クォンタム・サクセス』サンドラ・アン・テイラー著　奥野節子訳（ダイヤモンド社）
『幸運を呼びこむサイエンス』松田綾子（グラフ社）
『バシャール ゴールド』ダリル・アンカ著　関野直行訳（ヴォイス）
『神との対話』ニール・ドナルド・ウォルシュ著　吉田利子訳（サンマーク出版）

本作品は小社より二〇一五年一一月に刊行されました。

MACO（まこ）
メンタルコーチ。1970年生まれ。20代の頃から成功哲学を学びはじめ、思考の現実化について探求し続けるが、何一つ願いは叶わなかった。引き寄せの法則については、これで叶わなかったら心の探究はもう終わりにしようと思いながら学びはじめたところ、ネガティブ思考の強かった自分自身にしっくりくるやり方を見つけ、そこから急に、現実が開けていく体験をする。探求心旺盛で、これまで合計3つの大学・大学院を修了したほか、脳科学、NLPコーチング、各種セラピーなどの学びも修める。
現在は、引き寄せ実践法アドバイザー、メンタルコーチとして活動中。セミナー、講座は即日満席、予約がとれないほどの人気ぶり。ブログでは、日常に活きる、心が楽になるヒントを発信し、毎日多くのファンが訪れる。
『本当の私で生きる』（大和書房）、『「お金」のイメチェン』（マガジンハウス）、『「逆」引き寄せの法則』（PHP研究所）など著書多数。

だいわ文庫

ネガティブがあっても引《ひ》き寄《よ》せは叶《かな》う！

著者 MA《マ》CO《コ》

二〇一八年一一月一五日第一刷発行

発行者 佐藤 靖
発行所 大和《だいわ》書房
東京都文京区関口一―三三―四 〒一一二―〇〇一四
電話 〇三―三二〇三―四五一一
フォーマットデザイン 鈴木成一デザイン室
本文デザイン 山田知子（chichols）
本文イラスト 毛利みき
本文印刷 信毎書籍印刷
カバー印刷 山一印刷
製本 小泉製本
ISBN978-4-479-30732-7

http://www.daiwashobo.co.jp